Ⓢ新潮新書

中溝康隆
NAKAMIZO Yasutaka

起死回生

逆転プロ野球人生

1030

新潮社

起死回生　逆転プロ野球人生　目次

第一章　泥まみれの転身　7

第二章　「俺はもっとやれる」――運命を変えた移籍　61

第五章　最後の〝舞台〟を求めて 221

第一章　泥まみれの転身

「俺たち、もう終わっちゃったのかなあ」

「バカヤロー、まだ始まっちゃいねえよ」

北野武監督作品『キッズ・リターン』の有名な台詞だ。所属チームからクビを宣告されたとき、会社とぶつかりリストラに近い異動を命じられたとき、体調を崩してその舞台に立つことすらできなくなったとき。もう俺は終わったのか、この人生詰んじまったのか……なんて、たとえ己に絶望しようが、夢破れても明日は何食わぬ顔してやってくる。

野球とは失敗のスポーツである。打率3割の一流打者も、7割は凡退しているのだ。

誰が勝ったのか、誰が負けたのか――。

この章は、何度終わろうと、何度負けようと、何度失敗しようと、次の戦いを始めようと汗と泥にまみれながら愚直に突き進んだ男たちの戦いの記録である。

1．サウスポーは二度死ぬ
――遠山奬志（1985〜2002、阪神〜ロッテ〜阪神）

〝江夏二世〟と呼ばれた1年目

その男は、若くして栄光への階段を駆け上がり、かと思えばときに傷だらけで地獄の門を叩く、そんなドラマチックな野球人生を歩んだ。

始まりは怖いほど順調だった。遠山奬志《しょうじ》（1998年までは「昭治《しょうじ》」）は熊本・八代第一高（現・秀岳館高）で2年生の夏から投手になり、通算69勝3敗の超高校級サウスポーとして鳴らした。1試合の最高奪三振18、平均奪三振は12を記録。対外試合のノーヒットノーランは通算十一度を数える。当然、プロのスカウトも熊本にこぞって駆けつけたが、遠山はもっと楽しみながら野球をやりたくて、プロ11球団の誘いはすべて断った。特に熱心だった巨人や西武に対しても「社会人に進みます」と門前払い。だが、阪神のスカウトはわざわざ自宅まで来たので、諦めてもらうために「1位指名ならタイガースにお世話になります。2位以下だったら社会人に進みます」なんて無理な条件をふっかける。

この1985(昭和60)年ドラフト会議、阪神はPL学園高の清原和博を1位指名することが確実視されていたのだ。しかし、6球団が競合した地元のスーパースター清原を阪神は抽選で逃す。そして、外れ1位指名で遠山の名前が呼ばれるのである。

えっマジかよ? ドラフト開催時、体育の授業のマラソンで校外を走っていたら、突然呼び戻され自身の1位指名を知った。学校にはすでに記者陣が集まり、球団創設以来初の日本一に輝いた猛虎フィーバーの真っ只中、18歳左腕への注目度は高かった。ライバルは同期の巨人ドラ1桑田真澄だとマスコミは騒ぎたて、遠山も「桑田君には絶対負けない。彼がエリートなら、ぼくは雑草のたくましさをみせてやる」なんて強気なコメントで答えた。

体重オーバーでキャンプインを迎え開幕こそ二軍スタートも、4月27日の中日戦で早くも一軍デビューを飾り、1回無安打無失点。2戦目から先発にまわると、5月14日の広島戦で初勝利を初完投で記録する。球団では江夏豊以来、19年ぶりの高卒ルーキーの勝利投手誕生だ。直球のスピードは130キロ台だったがカーブの制球がよく、当時珍しかったカット・ファストボールは打者の手元で食い込むようにスライドする。遠山のそのマウンドさばきと度胸の良さは、やがて〝江夏二世〟と呼ばれるようになる。ローテーションの一角を勝ち取り、6月20日の中日戦では途中で鼻血を流しながらプロ初完封勝利。86年が現役ラストイヤーとなる広島の山本浩二は「腕が遅れて出てくるから、なんともタイミングがとりづらい」と戸惑い、自チームの岡田彰布《あきのぶ》は「テンポがいいので実に守りやすい」と期待のアレを絶賛した。

あらゆる記録が、江夏以来の快挙。それでも「週刊ベースボール」86年6月30日号の斬り込みインタビューでは、「ピンとこないですね。あの人（江夏）が、タイガースで投げていたころの記憶がありませんから」と飄々と答える67年生まれの遠山もまた、怖いもの知らずの〝新人類〟と呼ばれた若者だった。

ロッテでは野手に挑戦するも戦力外

1年目は27試合で8勝5敗、防御率4・22。新人王は長冨浩志《ながどみひろし》（広島）に譲ったが、将来のエース候補としては上々の1年目を過ごす。しかし、秋に参加したアメリカの教育リーグで、落ちる球をマスターしようと投げ込むうちにヒジと肩を痛めてしまう。さらにはオフに夜の私生活を写真週刊誌に激写されるプロの洗礼も浴びて、２年目は０勝３敗と急失速。３年目の88年は主に中継ぎで２勝９敗に終わると、早くもトレード話が報じられるようになる。

そして、ヒジの故障の影響もあり、わずか７試合の登板で未勝利に終わった90年。フロリダの教育リーグから帰国すると、空港で報道陣に囲まれ、自身のトレード成立が近いことを知らされる。秋季キャンプ中に中村勝広監督に呼ばれ、「頑張ってこい」とロッテへの移籍を告げられるのだ。ベテランの高橋慶彦《よしひこ》との交換で、まだ23歳の元ドラ１左腕がパ・リーグへ。ロッテの金田正一《まさいち》監督は「まず、その体を絞り込まなきゃ。新人の時のフォームに戻そうとしないで、新人の時の体型に戻そうとすればいいんや」とカネやん流エールで歓迎した。

だが、新天地の遠山は年間30試合前後に登板するも、常に準備が必要な中継ぎの便利屋稼業に身も心も削がれていく。当時は勝ち負けのつかない中継ぎやワンポイントに対する評価も低かった。

そんな毎日を過ごすうちに、次第に「野手で勝負してみたい」という気持ちが強くなっていくのだ。もともと高校時代は、打率４割４分超えの高校通算35ホーマー。熊本の広い藤崎台球場で1試合3発も記録したことがある長距離砲だった。

中西太《ふとし》ヘッドコーチの後押しもあり、94年の夏場からはピッチャーとして練習したあと、打撃練習もこなし、やがて野手一本に絞り再出発。96年にはイースタン・リーグ最多記録の99安打を放つも、守備・走塁面に不安があり、一軍ではほとんどチャンスを貰えなかった。そして、薄々覚悟はしていたが、野手3シーズン目の97年ファーム最終戦が終わると戦力外通告を受けるのだ。10代の頃、〝江夏二世〟と呼ばれたサウスポーは、30歳になり野手としてクビになった。

ありがたいことにロッテからはスカウト就任要請のオファーも届いた。ドラフト1位でプロ入り後、投手で鮮烈なデビューを飾り、トレードを経て、野手にも挑戦。やることはやった……つもりだった。だが、実際に戦力外になると、不思議と充実感より野球への未練が勝《まさ》る。『日本プロ野球トレード大鑑　2004』（ベースボール・マガジン社）収録のインタビューでは、当時の様子を遠山本人がこう語る。

「そんな時に『どうするんや？』って電話をくれたのが、阪神時代の先輩の中西清起《きよおき》さん。現役を続けたいのでテストを受けようと思うと伝えると、中西さんが阪神にテストの日程を聞いてくれると。それで後日、『3日間あるから』と教えてもらったんです」

先輩の助けもあり古巣のテストへ行くと、昔ともに阪神の近未来エース候補と期待されたサウスポーの仲田幸司も参加していた。誰もが夢を終わらせることができず、あがいている。そんなプロの厳しさを肌で感じたテスト2日目の帰り際、一枝修平ヘッドコーチから、「遠山君、3日目はちょっとピッチングを見せてくれないか?」と告げられた。その瞬間、あぁ野手じゃダメなんだなと悟ったという。投げると言ってもファームで打撃投手をたまにやっていた程度。2年以上、ブルペンには入っていない。受かるわけないだろう……。ほとんどやけっぱちである。

野村監督の下でカムバック賞

だが、男の運命なんて一寸先はどうなるか分からない——。

吉田義男監督の前で投じた36球が、逆転野球人生のきっかけとなるのだ。ストレートは最速134キロだったが、直球の握りで自然とスライドする〝まっスラ〟が指揮官の目に留まった。その年から現場復帰していた吉田は、遠山が一番良かった新人時代を知る監督でもある。野手時代に肩を休めたからか不思議と痛みはなかったが、久々の本格的な投球に右太ももが痙攣《けいれん》した。

実はこのピッチングテストは、外野からの回転の良い返球を見た首脳陣が、「ピッチャーに戻した方がいい」と判断して急遽実施された追試だった。こうして、30歳の遠山に投手としてまさかの合格通知が届いたのである。

プロ13年目、年俸900万円の再々出発。阪神復帰1年目の98年は二の腕の肉離れを起こすなどアクシデントに見舞われ、まずは投手仕様の体に戻すことを心がけた。そして、99年に野村克也監督が就任すると、「もう少し腕を下げてみたらどうや。左バッターのインコースに、シュートか落ちる球を投げられないか」とアドバイスされ、遠山は自分の生きる道を見つけていく。ノムさんは、「遠山なんて、ブルペンで見ていたらとても使う気にならん。でもあの度胸はすごい。130キロそこそこで真っ向勝負にいきよる。普通はいけない」とマウンド度胸を絶賛して、その気にさせた。

遠山奬志（朝日新聞社）

さらに当時の阪神投手コーチはロッテ時代の監督・八木沢荘六《そうろく》だった。遠山がサイドスローを意識したのは、94年に八木沢監督から「何とかイチローを抑えてくれないか」と言われ、上よりは横からの方が打ちにくいんじゃないかと考えたのがきっかけである(この年、210安打を放ったイチローを遠山は4打数無安打に抑えている)。

多くの出会いにも恵まれた古巣でのリスタート。99年には、なんと自己最多の63試合に登板。もはや中継ぎでもワンポイントでもかまわない。一度クビになった身、与えられた場所で自分の仕事をしようと腹をくくった。

10年ぶりの勝利投手に、13年ぶりの甲子園のお立ち台。防御率2・09の安定感。右投手の葛西稔と交互に一塁を守る〝遠山・葛西スペシャル〟は大きな話題となった。これには代えられた一塁手のマーク・ジョンソンも「まさか自分が交代させられるとは思わなかったな(笑)。でも、ナイスな判断だったと思うよ」なんて苦笑い。遠山本人はのちに「実際、つらかった。ピッチャーとしたら情けないと言いますか、嫌でしたよね。右バッター相手でも抑えられるという信頼がなかったということだし」と本音を語っている。

巨人の松井秀喜に対して無類の強さを発揮し、〝ゴジラキラー〟を襲名したのもこの頃だ。当時ＮＰＢ最強スラッガーだった背番号55に対して、前打者を敬遠してまで松井勝負にこだわり、三振に斬って取る徹底ぶり。カムバック賞に輝く99年は、執拗な内角シュート攻めで13打数無安打と完璧に抑え、ゴジラ松井に「遠山さんの顔も見たくない」と言わしめた。

２０００年には初のオールスターにも出場。結局、99年から01年まで3シーズン連続の最下位に終わった野村政権だったが、その3年間すべてで50試合以上に投げまくったのが背番号52だった。

サウスポーは二度死ぬ――。

一度目はプロ10年目の野手転向で。二度目は30歳の戦力外通告で。いわば、「虎の野村再生工場」の最高傑作が、地獄から生還した遠山奬志だったのである。

2. 早すぎる現役引退とWBC優勝
——栗山英樹（1983〜90、ヤクルト）

国立大出身の異色のプロ野球選手

「キミはいいセンスをしている。もう少しがんばればプロでもやれるぞ」

『プロ野球ニュース』のキャスター佐々木信也氏は、息子が出る大学の練習試合を観戦に行った際、対戦相手で3本のヒットを打った若者に、そう声を掛けたという。その選手こそ、東京学芸大の栗山英樹である。

投手としては4年間で25勝8敗、打者としては打率.389をマーク。身長174センチ、体重72キロの小柄な体型だったが、50メートル6秒フラットの俊足と遠投120メートルの強肩の持ち主。しかし、注目度の低い東京新大学リーグ所属のため、ほぼ無名の存在だった。教育学部在籍で教員免許を取得、朝日生命への就職内定も決まっていた。

だが、栗山は野球への想いを捨てきれなかった。知り合いを介して西武とヤクルトの入団テストを受け、ヤクルトの合格通知を勝ち取るのだ。とは言っても1983（昭和58）年のドラフト外入団で、同期の1位は高野光（東海大）、2位には池山隆寛（市立尼崎高）らアマ球界のスター選手たちがいた。プロ入りに反対すると思っていた厳格な父親は意外にも応援してくれたが、息子を心配する母親に対しては「3年間やらせてくれ」と懸命に説得した。

「国立大出身の異色のプロ野球選手」への注目度は高く、「週刊ベースボール」84年7月21日号でも〝国立ボーイ〟と報じている。大学の卒論テーマは2カ月かけて自ら統計を分析した「高校野球に於けるカウント1－3からのバッティング」で、結論は「塁に出るためには待球がベスト。ヒットの確率より五倍以上も四球の方がいい」だった。

将来的な教職とアマ球界の監督の座について聞かれると、「いまは、そんなことは考えていません」とキッパリ否定。しかし、インテリのプロ野球選手という報道のされ方を、面白く思わない同僚選手も当然出てくる。のちに栗山は自著『育てる力』（宝島社）の中で、チームメイトが「アイツが守るなら投げたくない」と公然と口にしたことを知り、さらには相手ベンチからは「お前、それでもプロか」と野次られた苦悩の新人時代を振り返っている。

7年の現役生活

2年目には内野から外野へ転向して、尊敬する若松勉《つとむ》から、「クリ、惜しいなあ。あと3歳若ければ、いいスイッチヒッターになれたかもなあ」と声をかけられたのをきっかけに、「左での打ち方を教えてください」と頭を下げ、スイッチヒッターにも挑戦した。

すると、3年目に一軍で107試合に出場して、終盤は「一番右翼」に定着。打率・301、4本塁打と結果を残す。ファンレターは週30通。童顔でギャル人気が高く、少女マンガ誌「週刊少女フレンド」の「ザ・人気者ベスト10」という読者投票コーナーでは、トップアイドル光GENJIの内海光司《うちうみこうじ》や大沢樹生《みきお》と並んで8位タイにランクインしたこともあった。「週刊ベースボール」名物「BOX SEAT」コーナーでクリスマスについて聞かれると、「30個ぐらいのプレゼントをもらっています。一番多いのが、ぬいぐるみ」なんてヒデキ感激。『ベースボールアルバム』の広告コピーは、「栗山せんせい！こんな先生がいたらもう最高！」。芸能週刊誌「週刊明星」で、池山らと〝ヤクルト男闘呼組〟と特集されたこともある。

レギュラー定着へさらなる飛躍を期した栗山だったが、4年目の87年1月にアクシデントに襲われる。持病のメニエール病が悪化して、自主トレ中の吐き気と目まいがひどく入院。一時はコーチから野球はもうできないだろうと告げられ、再就職まで考える状態だったが、2週間の入院生活に注射と点滴で症状はなんとか治まり、1カ月後にチーム合流を果たす。だが、出遅れと左足ふくらはぎの肉離れが響き、この年は72試合で打率・196と低迷。翌年が勝負だと夏前には寮を出て、月25万円のローンを組み東京の郊外に5000万円の一軒家を買い、2階には素振り用のスイングルームを作った。

栗山英樹（時事通信社）

88年、バント練習中にファウルチップが顔面直撃しての鼻骨骨折や自打球を当てての右足骨折と度重なる怪我に悩まされるが、助っ人テリー・ハーパーが途中帰国、前年新人王の荒井幸雄《ゆきお》も故障でリタイアとチーム事情にも助けられ、後半戦にはセンターに定着。規定打席にはわずかに足りなかったが、打率・

331のハイアベレージを残す。

翌89年はメニエール病の再発と闘いながら、初の規定打席到達。俊足を生かした外野守備が評価され、ゴールデン・グラブ賞にも選ばれた。だが、栗山の選手としてのキャリアの終わりは、あまりに唐突に訪れる。長くBクラスに低迷するチームを変えるため、野村克也が監督に就任した90年。背番号4は代打や代走が中心の69試合の出場に終わり、広島へのトレードも噂される中、秋には引退を決意するのだ。「週刊ベースボール」90年11月26日号には緊急インタビューが掲載され、栗山は自身の体調が限界に近かったことを告白した。

「今年が大事だと一日一日、悔いのないようにやってきたつもりです。それは肉体的な理由からです。医者にいわせるとボクの体は『20代とは思えないくらい、ガタが来ている』そうなんです。実際、右ヒジ遊離骨の鈍痛で朝の洗顔さえも、ままならないほどでした」

さらに両足の肉離れは慢性化。メニエール病で、守っていても遠近感がつかめず、体が浮くような感覚に陥ることもあった。野村野球をもっと学びたかったが、体がそれを許さなかったのだ。

「ボクの身上は目一杯の、一生懸命のプレー。でも体調が悪くては集中力が欠如して、いかんともしがたい。きれいごとに聞こえるかもしれませんが、野球が好きだからこそ辞めなければならない、ボクの心情を察してください」

引退後はメディアで活躍

プロ生活7年、29歳の早すぎる現役引退である。だが、男の運命なんて一寸先はどうなるか分からない――。

引退後の栗山は、テレビ朝日『スポーツフロンティア』のメインキャスターを務め、『ニューステーション』の企画で大リーグのトライアウトにも挑戦。「週刊ベースボール」でコラム「らいんどらいぶ」を連載し、雑誌「ASAhIパソコン」では「栗山英樹の大冒険」コーナーで、最新のパソコン事情を学んだ。なお、栗山の監督デビューは94年2月15日号で体験したパソコンの高校野球育成ゲーム『栄冠は君に3』である。

母校の学芸大の「現代スポーツ論」で教鞭をとり、96年に東京で開催された「ベースボール・トレーナーズ・セミナー」のシンポジウムにも参加した。メジャーリーグ好きとしても知られ、日米野球ではゲストの野茂英雄や吉井理人《まさと》とともに解説を務め、『熱闘甲子園』の仕事では若き逸材たちを自分の目で確かめる。野球教室や少年野球大会の開催に奔走し、40代になってからは白鷗大学で経営学部の教授を務めた。

あらゆることを貪欲に学ぶその姿勢は、やがて日本ハムからの監督オファーへと繋がっていく。根気強く選手を育て、ファンサービスを厭わずできるかどうかというファイターズが監督に求める条件を満たす格好の人材だったのだ。

就任1年目の2012年にリーグ優勝。16年には日本一に輝き、計10シーズンにわたり指揮を執った。そして、21年にはついに第5回WBCでの世界一奪還を掲げる日本代表チームの監督に就任する。

思えば、国立大出身の小柄な体格で「プロでは無理だ」と野次られた男が監督となり、当初は「プロでは不可能」と周囲から批判された二刀流の大谷翔平を育て上げ、メジャーリーグのMVPになった愛弟子と侍ジャパンで再会。投打にわたり漫画のような活躍を見せる大谷を、61歳の指揮官はアメリカとの決勝戦で最終回のマウンドへ。見事に世界一を勝ち取り、栗山采配はまるで映画のようなハッピーエンドの物語で日本中を熱狂させたのである。

3．14年目の初勝利
――野中徹博（1983～89＝阪急～オリックス、94～98＝中日～ヤクルト）

エース候補が2年で練習生扱いに

『オールド・ルーキー』という映画がある。

主人公は左肩の故障から、24歳の若さで現役引退した元マイナーリーガーのジム・モリス投手。引退後のモリスは故郷に戻り高校教師をやりながら、野球部監督を務めていた。ある日の試合で大敗を喫した生徒たちに向けて「夢と誇りを持て」と説教していると、逆に「そういう先生の夢はなんなの？」と突っ込まれてしまう。練習でモリスのスピードボールを目にしていた彼らは、あれだけのボールを投げられるのにプロに再挑戦しないなんてもったいないよとモリスを責める。そして、「俺らが地区優勝して州大会に出ることができたら、監督もどこかのプロチームのテストを受けてください」と約束を交わすのだ。迎えた入団テストで、モリスは剛速球を投げ込みスカウトを驚かせる。

なにせ昔は136～137キロの直球しか投げられなかった平凡なサウスポーが、35歳になってマウンドに戻り、いきなり150キロ台を連発してみせたのだ。こうして、オールド・ルーキーのメジャーリーグへの挑戦が始まった。

男の運命なんて一寸先はどうなるか分からない――。

かつて、日本球界にも現役引退後しばらくして復帰を決断、NPB初勝利を挙げるまで計13年間もかかった投手がいた。

1983（昭和58）年ドラフト会議で、阪急ブレーブスから1位指名を受けた野中徹《てつ》博《ひろ》である。名門・中京高ではエースとして甲子園に三度出場。同世代に水野雄仁《かつひと》（巨人）や渡辺久信（西武）らもいたが、野中は高校球界屈指の大型右腕として、鳴り物入りでプロ入りする。球団からは山田久志の17番に次ぐ、背番号18を与えられた将来のエース候補だ。しかし、ルーキーイヤーにフォーム改造を命じられ、試行錯誤するうちに右肩を故障。2年目には一軍デビューしたもののウイルス性の肝炎にもかかり、オフに東京労災病院で肩の手術に踏み切った。悔しくて、手術をした24時間後にはもう、ベッドの上の鉄のはりにひもをつけて腕を回すリハビリを始めていた。

将来のエース候補のはずが、たった2年で練習生扱いに。打撃投手役を務めながら、支配下復帰してファームの南海戦に先発すると、9回まで無失点に抑えてみせたが、今度は右ヒジを痛めてしまう。一軍への道は断たれ、やがて阪急はオリックスへ身売り。野中もプロ6年目の89年に野手に転向すると、ウエスタンで打率・327と非凡な成績を残すが、その年限りで戦力外通告を受けた。

まだ24歳。同期入団の星野伸之はこの年15勝を挙げていた。ドラ1の野中がクビになり、5位の星野がエース格に。高校時代は自分の控え投手だった広島の紀藤真琴も一軍に定着していた。みんな一緒に頑張りましょうは通じない、プロは残酷な世界だった。

断ち切れない未練

「もっと野球をしたい。今一度投手として挑戦したい」という想いを持ち続けた野中は、90年秋にダイエーの秋季練習に参加して入団テストを受けるも不合格。地元の岐阜に戻ったが、当時の心境をのちに「週刊現代」でこう吐露している。

「ダイエーを落ちた後は田舎で運送業をしたり、札幌でラーメン屋の修業をしないか、といわれて北海道まで行ったり……。だけど、そんなことをしていても、テレビで同世代の選手の活躍を見るたびに『オレはこんなところで終わる人間じゃない。負けてられないぞ』という意地をずっと持ちつづけていたんです」

戦力外を告げられた直後は、「今にみてろ。野球だけが人生じゃない」と部屋を飛び出したが、時間が経っても野球への未練がどうしても捨て切れなかった。「週刊宝石」91年4月25日号の「プロ野球 あの名選手は、いま」という特集に、野中も登場している。東京で起業した直後のインタビューである。

「地元だと〝甲子園の野中〟の印象が強いしチヤホヤされていたら、できることもできないと、それで東京に出てきたんです。この2月に会社を作ったんです。社員は現在、営業マンを含めて7人。電話による情報産業の広告代理店として活動しています」

うす茶色のダブルスーツ姿で、「代表取締役」の名刺を渡す野中。記者から「電話による情報産業というとダイヤルQ2みたいなもの?」と突っ込まれると、「宣伝活動としては、先頭にロールスロイス。うしろにベンツのパレードの形をとり、六本木、新宿などの繁華街でキャンペーンガールが電話番号入りのチラシをくばる」なんて謎すぎるバブル好景気の残骸のような案を語る野中であった。

仕事はうまくいっているとは言い難かったが、やがて漫画家の水島新司の軟式野球チームに誘われプレーするようになる。ポジションはショートやサードを守ったが、野中のバッグにはいつも硬式ボールがひとつ入っていたという。試合後に投球練習をするためだ。「週刊ベースボール」93年6月14日号には水島新司氏の貴重なインタビューが掲載されている。

「ボクは『ボッツ』というチームを持っていて、年間120試合ほど組んでいるんですよ。で、100試合は確実にやります。ある日、ルーキーの頃に山田久志さんの紹介で知り合った野中君が、四谷三丁目で〝あぶさん〟という店をやっている石井さんと一緒に来て、『野球やりたい』っていうんです。じゃ、うちのチームでやれば、ということで彼は自営のかたわら、うちのチームのショートをやるようになった。5割は打つし華麗な守備だし、おかげで勝ちまくりましたよ」

ある日、野中は芸能人のチームと戦うテレビ番組の収録でマウンドに上がり、全力で投げてみると「138キロ」を記録した。あれだけ痛かった肩が完治していたのだ。そうなると、再びプロでやりたいという気持ちが抑えきれなくなる。しかし、すでにオリックスの退団から3年が経とうとしており、日本のプロチームにテスト申請をしたが、すべて断られた。そこで、台湾行きという選択肢が出てくる。台湾プロ野球に詳しい作家の戸部《とべ》良也《よしなり》氏によると、92年9月に野中から電話が掛かってきたのだという。

「実は、何としても野球があきらめ切れないのです。台湾のプロテストを受ける道はないでしょうか」

奇跡のカムバック

野中は台湾球界の俊国ベアーズというチームを紹介され、翌93年2月に入団テストを受け合格した。指揮を執るのが日本人の寺岡孝監督という幸運もあった。開幕当初はリリーフ、やがて先発も兼任で15勝4敗1セーブの大車輪の活躍を見せる。ストレート、タテに変化するカーブ、2種類のスライダーを駆使して、配球も自分で組み立てられるようになった。NPBの6年間で17イニングしか登板していない男が、台湾の1シーズンで151イニングを投げてみせたのだ。28歳の元甲子園のヒーローの復活は日本でも「奇跡のカムバック」と話題になる。

「週刊ベースボール」94年3月14日号の「94キャンプExpress」では、背番号なしのユニフォームで中日ドラゴンズの練習に参加するテスト生の野中の姿がリポートされている。そしてキャンプ終了間際に、中日と契約を交わすのだ。子どもの頃からファンだったチームで5年ぶりの日本球界復帰。94年は21試合に登板、プロ初セーブも挙げた。巨人と中日で勝った方がリーグ優勝という、プロ野球史上最高のテレビ視聴率48・8パーセントを記録した〝10・8決戦〟にも中継ぎで投げている。

だが、星野仙一が監督復帰した96年にほぼ構想外となり、再び戦力外に。それでも、野中は諦めなかった。プロ四度目のテストを受け、ヤクルトに入団するのだ。新天地には野村克也監督と、昭和40年組の同い年の古田敦也がいた。

野中徹博（時事通信社）

「野村さんの下で投げれば、古田に受けてもらえれば、きっといい結果が生まれると確信して、ヤクルトにお世話になることを決めたんです」

「野村再生工場」の目玉商品と注目された野中は、97年5月27日横浜戦、5番手で登板すると、直後に自チームが逆転してくれて白星がついた。ついに念願の日本球界初勝利だ。「自分にはこういう運はないのかな、と思いました」と横浜スタジアムのお立ち台で声を詰まらせた背番号38。ドラフト1位でプロ入りしてから、気が付けば13年間もの歳月が流れていた。当時18歳の青年も、時が流れ数日前に32歳の誕生日を迎えていたが、ついにプロ野球で勝ってみせたのである。

97年シーズン、野村ヤクルトは日本一に輝き、野中は自己最多の44試合に登板。防御率2・28という好成績を残した。

NPB通算でわずか2勝。だが、何度クビになろうが、「今度こそは……」と逆転野球人生を狙って立ち上がる男の姿は多くの野球ファンの心を打った。彼は投球だけでなく、己の悔しさや生き様もグラウンドに刻んだのだ。野中徹博は、まさに記録より記憶に残る選手だった。そういう野球人生もある。

4．戦力外から2億円プレーヤーへ
——山本和範（1976〜99、近鉄〜南海〜ダイエー〜近鉄）

近鉄にドラフト5位で入団

「ドラちゃんはピッチャー、クビや」

その新人選手は、春季キャンプで忘れ物を届けた一軍のコーチの部屋でいきなりそう通告される。風貌がドラキュラに似ていることから、〝ドラ〟と呼ばれるのは近鉄時代の山本和範《かずのり》である。

守備走塁コーチの仰木彬《おおぎあきら》は酒豪で知られ、すでに部屋の床には空のウイスキーのボトルが数本転がっていた。山本の著書『マイストーリー・マイウェイ』（デコイ・ブックス）によると、急な展開に唖然としていたら、隣の杉浦忠投手コーチからも「明日からバッティングの練習をしなさい、ということだよ」とダメ押しされてしまう。野手転向という野球人生を左右する重要なことを酔っ払いながら言われたこともショックだった。

実は入団直後から、打撃練習でコーチの投げるボールが遅すぎるとホームベースより2メートル前に立ち、右翼場外へ打球をかっ飛ばした山本の打力が高く評価されていたことを本人は知る由もない。

18歳で巨人の入団テストを受け合格したが、山本は高校1年時に留年していたため、母の強い希望もあり、学業を優先させ入団は見送った。翌年秋も巨人と南海ホークスのテストを受け、南海二軍監督の穴吹義雄は「南海は君を4位か、5位か、6位で獲るつもりでいる」と声をかけてくれたという。

しかし、1976（昭和51）年ドラフト会議では近鉄が5位指名。当時の近鉄は、指名を受けた選手の父親が「こんなことといったら失礼ですが、人気のセに指名してもらえればよかったのですが……」と嘆くほど敬遠されがちで、同年の1位右腕・久保康生《やすお》も「パ・リーグはどうも気のりしません。まして近鉄についての知識などありません」なんて迷惑顔。そういうチームで山本のプロ生活は始まった。

しかし、キャンプ中に投手から打者転向、さらに1年目が終わると内野から外野コンバートを命じられる。左耳が生まれつきの難聴で、守備が下手なのは打球音が聞こえないからと陰口を叩かれるのが悔しかった。今に見てろよとひたすらバットを振り、二軍で打率３割を超え、ウエスタンベストテンの常連になっていく。死球を受けても「当たってません！」と審判に食い下がってまでタイムリーを狙い、選手名鑑で趣味を聞かれ、他の選手が「ゴルフ」や「レコード鑑賞」と無難な回答をする中、ひとり「無趣味」と答える。そんな不器用な男を周囲は、変わり者と呼んだ。

我が道を行く若かりし日のドラ山本だったが、ファンレターをくれた女性と文通を続け（のちに結婚）、寮では「マージャンでもドラは大切。だから、オレはドラなんだ」なんて言ってマージャンを楽しんだ。元同僚の金村義明は、門限を破って寮に帰ってきた山本が怒るコーチに向かって、「腹が減ってはバットは振れん！」なんて逆ギレをかましたが、みんな「それは門限破りと関係ないやん！」と心の中で突っ込みを入れたと自著『80年代パ・リーグ　今だから言えるホントの話』（東京ニュース通信社）の中で楽しそうに回想している。

厚かった一軍の壁

「20万円、上げてください」

山本はある年の契約更改で球団側にささやかな要求をするが、二度目の交渉が終わった翌朝、球友寮の電話が鳴る。すると、球団代表はねぼけまなこの若者にこう告げた。

「ファームはあくまで選手の養成をする場所だ。こちらの提示する額が気に入らなければ契約しないでよろしい」

野球で成り上がるために九州からひとりで大阪に出てきたのに、こんなことで終わってしまうのか……。焦った山本は必死に頭を下げ、本堂保次《やすじ》二軍監督の仲介もあり何とか契約にこぎつけた。そして同時に悟るのだ。まだスマホもインターネットもない時代、「週刊ベースボール」掲載のウエスタン打撃成績を見ることが励みであり、楽しみだったが、ファームで打率3割を残そうが、二軍の成績に意味はないと。

転機はプロ4年目だった。一軍で初の開幕スタメンを勝ち取り、時間はかかったが初安打初本塁打も記録した。その年の秋にはアメリカ野球留学のメンバーにも選ばれ、センターで使ってもらい、打球判断や素早い送球の基礎を学び、不安を持っていた外野守備のコツみたいなものを摑んだ。しかし、一軍の壁は厚く、年俸は300万円前後をウロウロ。もっとオレに出番をくれと願いつつ、6年目の82年シーズンを終えた契約更改の席で、突然「来季は君とは契約しない」と戦力外通告を受けるのだ。

心配した同期入団で同郷の久保が、知人のバッティングセンターの経営者に連絡してくれた。そして、クビになったバットマンは、バッティングセンターの管理人として泊まり込み、店が終わった夜中にひたすら白球を打ちこんだ。

だが、男の運命なんて一寸先はどうなるか分からない——。

「ぼくはファーム出身です」

そんな山本に救いの手を差し伸べたのは、南海ホークスだった。

高校時代の山本がプロテストを受けた際、「ドラフトで指名する」と声をかけてくれた穴吹義雄が一軍監督に就任したのである。どの世界でも、自分を評価してくれる上司との出会いは人生を変える。オレは拾われたのではなく、評価されて新しいチームに行くんだ。新天地では前向きな気持ちで野球と向きあった。

南海ファンで知られる漫画家の水島新司は遠い親戚にあたり、ことあるごとにメディアで「どんなピーゴロでも全力疾走する。人一倍ボールに食らいついていくのです」と注目選手として山本の名前を挙げてくれた。

文字通りどん底から這い上がった男は代打から結果を残し、背番号59から29へ昇格。やがて尊敬する門田博光のあとの五番を任せられるようになる。近鉄の６年間でわずか

6安打しか打てなかった選手が、84年には115試合で打率・306、16本塁打、守備では1試合3補殺も記録。85年には自身初の130試合フル出場。プロ10年目の86年にはオールスターMVPと外野部門のゴールデン・グラブ賞を獲得と、一流選手の仲間入りを果たす。それでも、山本は「週刊ベースボール」85年6月3日号のインタビューで「ぼくはファーム出身です」と、ファームが自分を育ててくれたと近鉄での長い下積み時代を振り返っている。

「上司にいわれてきちんと仕事をしたのに、いつまでたっても係長、課長にすいせんしてもらえない。そういう感じだね。すいせんされて場を与えられれば、そこである程度の働きをするんですよ。ちょっと慣れればね。その段階に行く前にまたおとされてしまう」

チャンスさえあればオレだって……。多くの二軍選手たちはそう願うも、ドラフト下位指名組にはそれすらもなかなか与えられないプロの現実がある。

南海からダイエーホークスにチームが生まれ変わると、地元福岡の星として主力を張り続け、南海入団時300万円の年俸は、32歳で5000万円を突破。選手会長にまで選出されるようになった。好物は愛妻が作ってくれる肉じゃが、ホームランを打ってチ

山本和範（時事通信社）

ームが勝った夜にだけ口にするレミーマルタンがささやかな楽しみだ。

開業したばかりの福岡ドームで根本陸夫監督は、山本を当時はまだ珍しかったバントをしない攻撃的二番打者として起用する。94年夏には子どもが学校で可哀想だからと、〝ドラ〟のニックネームから卒業して登録名を「カズ山本」に。イチローに次ぐ、リーグ2位の打率・317の活躍で年俸2億円に到達すると、阪神・淡路大震災の際には、被災地に1000万円もの義援金を送った。

プロ20年目の再出発

しかし95年は、開幕直後に一塁へ滑り込

んだ際に右肩亜脱臼の重傷を負い、打率・２０１、本塁打０と低迷。オフには球団代表から辛辣な言葉を浴びせられ、退団を決意する。

だが、一度地獄を見たベテランが下を向くことはなかった。元同僚で先輩の佐々木恭介が指揮を執る近鉄に誘われ、テストを受け合格。14年ぶりの古巣復帰を決断した直後の「週刊ベースボール」96年1月29日号のインタビューでは、山本選手といえば82年も自由契約となり苦労から這い上がったストーリーが……と質問され、こう笑い飛ばしている。

「そんな話ウソ、ウソ。みんなの思い込みですって。苦労なんかしとらんて。本当に。今回も、その82年も。苦労とか、そういうのは考え方ですよ、考え方。人生はおもしろかよ、苦しいこともあるけど。僕なんか特に、人が普通なら体験できないことを体験してますから」

大阪に戻り、プロ20年目の再出発。近鉄では、前年2億円の年俸も４０００万円＋出来高まで落ちた。勝負の96年シーズンは開幕から打率トップを争うほど打ちまくるも徐々に失速。打率は3割を大きく割ったが、野球ファンはその背中に盛大な拍手と声援を送る。オールスターのファン投票で、イチロー、秋山幸二に次ぐ外野部門3位の票を集めるのだ。これが山本にとって初めてのファン投票での球宴選出でもあった。

迎えた96年7月20日、オールスター第1戦、舞台は昨年までホームにしていた福岡ドーム。山本は、６回裏、一死一、三塁という場面で代打として登場すると、初球のストレートを叩き、ライトスタンドへ劇的なスリーランアーチを突き刺す。球場はその日一番の大歓声に包まれ、ＭＶＰに選出された背番号92は、お立ち台で涙を流した。なお、この劇弾の直前、「おい、ドラちゃん、代打や！」とベンチ裏で山本に声をかけたのは、全パ監督を務めるオリックスのユニフォーム姿の仰木彬だった。

20年近く前、ほろ酔いで19歳の山本に投手失格を告げた仰木が、今度は野球人生最高の晴れ舞台に、38歳の山本を送り出したのである。

5．その野球人生は革命だった
——野茂英雄（1989〜2008、近鉄〜メジャーなど）

「フォームは絶対変えない」

青春とは、挫折の物語である。

野茂英雄の野球人生も、挫折の連続だった。名門の近大附属高校のセレクションに落ちて中学の先輩がいる公立校の成城工業高（現・成城高）へ。2年夏の大阪大会2回戦で背番号10をつけて完全試合を達成するも、新聞を広げてみると1学年上のPL学園のKKコンビ、桑田真澄と清原和博が大きく取り上げられ、自分の記事はほんの小さなものだった。

「完全試合はみんなのおかげ。なんだか夢を見ているようです。次は、とにかく勝ち進んでPLと対戦してみたい」

これは、「週刊ベースボール」1985（昭和60）年8月5日号の初々しい野茂のコメントである。休み時間に早弁を食らう富田靖子の大ファンの高校生は、プロ野球にはほとんど興味を示さず、甲子園とも無縁の環境だったが、自由にプレーできたからこそ、あの独特な投球フォームも監督やコーチに直されることはなかった。

幼少時に父親から「ザトペック投法の村山実のように体全体を使って投げてこい」と言われ、背中を相手に向けるほど腰を大きくひねり、ため込んだ力を腰に乗せ、一気に解き放つ投球フォームは、のちに野茂の代名詞に。高校時代、その剛球を受け続けた捕手の人さし指は激痛に襲われ、病院へ行くと骨にヒビが入っていた。

巨人や日本ハムがドラフト外で獲得を検討する一方で、大学や社会人のスカウトからは「あのフォームじゃウチはとらへん」と酷評されるが、社会人野球の新日鉄堺に進んだ先輩が「男だったらひとつくらいは周りに何を言われても変えんもんを持っててええんちゃうか」と言ってくれたという。それ以来、野茂は自分の投球フォームを絶対に変えないと心に誓った。

ちなみに野球選手のヒエラルキーは一般社会とは逆だ。高卒でプロ入りするほうが、名門大学や大企業のチームでプレーするより選手間の序列は上なのである。学歴や偏差値じゃヒットは打てやしない。だから、高卒でプロ入りして、10代から活躍した清原や桑田は同世代でも別格の存在だ。彼らが8000万円の契約金を手にした1年後、野茂は月9万円の初任給で社会に出た。

新日鉄堺に進み営業部所轄の野球部でプレーするのだ。午前中は職場で通常業務に就き、仕事を覚えろと説教する上司に「僕はプロに行くからいいです」と言えば、「おまえみたいな奴がプロに行けるか」と一蹴された。社会人1年目、都市対抗代表決定戦では、1点を追う8回、野茂が被弾してチームも敗れる。号泣する19歳は、直後の残念会と化した飲み会で、ひとまわり年上の先輩投手・清水信英に別室に連れ出され、エースの心得を説かれた。この時の「マウンドでは一喜一憂するな」というアドバイスを忠実に守り、その後はポーカーフェイスで悔しさを胸に秘め、先輩の投球を見て盗んだフォークボールを磨くのである。

野茂は2年目からエースとなり、都市対抗ベスト8にも進出。ソウル五輪の日本代表にも選出された。だが、「Number」1009号の「ソウルの選手村に響いた怪物の怒声。」（長谷川晶一）によると、銀メダルを獲得するも、当時の野球は公開競技で他種目の有名な指導者から「君たち、何の競技なの?」と鼻で嗤われたという。野球のユニフォームを着ているにもかかわらずだ。野茂はバスの中で「これがレスリングする格好に見えるか、ボケ！　野球じゃ、アホ！」と怒りを露にする。だが、一方では無邪気に陸上の松野明美にサインを貰うハタチの才能は、世界の舞台を体験したことで凄まじいスピードで進化していく。翌89年には日本・キューバ野球選手権大会で、アマの世界最強軍団に対して野茂は2勝1敗の快投。チームも3勝2敗と勝ち越した。挫折と挑戦を繰り返し、気がつけば、89年ドラフト会議の目玉選手となっていた。

近鉄入団、ルーキーで八冠

しかも、元木大介（上宮高）や大森剛《たけし》（慶大）といった有力選手たちが競うように逆指名会見をして巨人入りを熱望する中、野茂だけは我関せずと希望球団すら口にしなかった。当時、国民的人気を誇っていた巨人にもまったく興味を示さなかった野茂には、史上最多の8球団が競合。近鉄が交渉権を獲得すると、投球フォームを変えないことを条件に入団。社会人時代は保険や寮費を引かれて手取り6万円ほどの給料で、ホンダ・シビックの中古車をローンで購入した男は、史上最高額の契約金1億2000万円、年俸1000万円という破格の条件でプロ入りする。

だが、特別扱いを面白く思わない選手も出てくる。ある投手は「オレたちの給料が上がらないのは、実績のない野茂に出しすぎたせいじゃないの。冗談じゃないよ。プロで1勝もしてないヤツに1億円以上も払うのなら、そのぶんをこっちにまわせと言いたいね」なんて公然とルーキーに噛み付いたが、どんなヤツが来るのかと思えば、野茂はキャンプの新人歓迎会で、先輩に注がれるビールを飲み続け、トイレで便器を抱えて酔いつぶれていた。でっかい体で無愛想に見えて、可愛いヤツやないか。同僚に連れられ好物の寿司屋にいけば、食べる量も凄まじかった。ウニ、トロ、イクラ、ネギトロの4種類だけをひたすら食べ続けるのだ。ファミコン好きで、競馬ゲーム『ダービースタリオン』にハマり仲間と盛り上がり、契約金でトヨタ・ソアラを一括払いで買って、寮住まいの選手を乗せて球場までドライブだ。

普通のありふれた21歳の青春がそこにあったが、本職では別次元の活躍を見せる。春先には「ボクはウエート・トレーニングは苦手なんです」なんて敬遠していたのが、オープン戦で打ちこまれると、「体を作らないとプロでやっていけないと思うので、ウエートを徹底的にやります」とコンディショニングコーチの立花龍司に頭を下げた。

開幕直後こそ勝ち星に恵まれず、評論家からは球種の少なさや投球テンポの悪さまでを批判されるが、4試合目のオリックス戦で、日本タイ記録の17三振を奪い2失点完投でプロ初勝利。以降は投げれば二ケタ奪三振の快刀乱麻の投げっぷりで〝ドクターK〟と称され、藤井寺球場にはKボードを掲げて応援するファンが詰めかけた。球団もこの盛り上がりに便乗して、打者に背中を見せる独特な投球フォームのニックネームを募集。決定したのが竜巻を意味する〝トルネード投法〟である。

なお、プロ初奪三振はデビュー戦の初回無死満塁の場面で西武の四番バッター清原和博から奪ったものだが、1年目の最終成績は18勝8敗、防御率2・91、287奪三振。あの江夏豊を上回る三振奪取率10・99の日本記録を樹立した。ルーキーイヤーから最多勝、最優秀防御率、最多奪三振、最高勝率、ベストナイン、新人王、MVP、沢村賞と怒濤の八冠獲得の快進撃だ。

世間もそんなニュースターを放っておかず、野茂はコニカの世界最小・最軽量カメラ「ビッグ・ミニ」の広告に「デッカイ手をしてデッカイ仕事をする人もいれば、小さなナリして大きな仕事をするカメラがある」と異例の原寸大の〝手だけ〟で登場。オフになっても勢いは止まらず、新日鉄堺時代の都市対抗野球で一目ぼれした元東芝のマスコットガールと婚約会見した直前に発売された、「週刊現代」90年11月24日号では、長嶋茂雄との対談が実現した。

「野茂君を見ていると、平成の時代を迎え撃つ新しい風というか、人間離れしたイメージがあるんだね（笑）」なんて褒め殺しをする浪人生活中のミスターから将来の夢を聞かれた野茂は、力強くこう答えている。

「チームの優勝はもちろんですけど、できれば大リーグで野球をやってみたいですね。自分の力を大リーグで試してみたいという気持ちは強いです」

大リーグへの憧れ

まだ日本からは遠すぎてリアリティのなかった大リーグを目指す、と堂々と口にする若者の出現。それは、奇しくも昭和プロ野球の象徴とも言える長嶋茂雄に対して、新時代の到来を予感させる言葉でもあった。

藤井寺球場のロッカーにはメジャーリーガーの野球カードを飾り、トレーニングの合間にロジャー・クレメンスらメジャー選手のダイジェストビデオを熱心に見る。ファッションも西心斎橋のアメ村で買ったＭＬＢやマイケル・ジョーダンのＴシャツを好んで着た。唯一大リーグのような対決ができる西武黄金期の四番・清原にはとことんストレート勝負にこだわり、その力と力の勝負は〝平成の名勝負〟と注目される。

当時、近鉄時代の野茂の投球を捕手の真後ろから見ていた、元パ・リーグ審判員の山崎夏生《なつお》は、「週刊ベースボールＯＮＬＩＮＥ」で伝家の宝刀フォークボールの衝撃を回想している。

「18・44メートルの真ん中に来るまではストレートの軌道とまったく同じ。球速は130キロ台ながら、リリースしたときは直球のように伸びる感じが特徴的でしたね。そこからブレーキが効いたようにストンと落ちる。打者と同じように、真後ろでジャッジしているわれわれも直球とフォークの見分けがつかなかった」

毎年当たり前のように最多勝と最多奪三振のタイトルを獲得する一方で、普段は朝まで飲むこともあったが、登板前になると激しいトレーニングで自分を追い込む背番号11。それを見た野手陣は、アイツが投げる明日は絶対負けられんと外出を控える。まさにエースだった。

決裂の伏線

圧倒的な実績を残し続けるうちに、野茂にもトップ選手としての振る舞いを求められたが、プロ入り前から変わらず自分が納得のできないことは断固としてやらない頑固さを持っていた。プロ2年目のオフ、体を休めることを優先させようと日韓野球の代表を辞退するが、連盟から「リーグの顔として出てもらわなければ困る」と要請されると、投げることはなくベースコーチャー役を務めた。

3年連続最多勝に輝いた92年は、NHK紅白歌合戦の審査員席からステージに向かってボールを投げ入れる大役を務め、契約更改では「誰かが貰うことで、後からついていく者が上がっていくと思う。それに、誰も（不満を）強く主張しない近鉄の風潮をボクが変えたかったこともある」（「週刊ポスト」93年1月22日号）とチームを引っ張る1億円プレーヤーの自覚を語った。

名実ともに球界を代表する大エースになった野茂だが、4年目の93年シーズンに転機が訪れる。プロ入り時の恩師・仰木彬が近鉄を去り、往年の300勝投手・鈴木啓示《けいし》が新監督に就任したのだ。

「いまのまま、野茂が勝ち続けられるほどプロは甘くない。近いうちにダメになる。いや、もうその兆候は出とる。一番は太りすぎや。走り込みが完璧に不足しとる。本人はウエートトレで、と考えているようだが、やっぱり走らな。投げ込みもそうや」

前半戦は左足首の捻挫もあり勝ち星が伸びなかった背番号11に対して、鈴木監督はワシの現役時代はとことん走り込んだもんやと度々苦言を呈す。

それでも、野茂は心折れず後半戦に驚異の巻き返しをみせる。10月1日のロッテ戦で打球を右側頭部に受け頭蓋骨骨折の診断を受けるも、その8日後に144球を投げて勝利投手となる超人的なタフさをアピールし、次の中4日の登板では182球で16勝目、さらに中2日で上がった西武戦では177球の熱投で17勝目と、近代野球では異例の鬼気迫る投げっぷりで4年連続の最多勝を手中に収めるのだ。

だが、相手の西武・森祇晶《まさあき》監督から「野茂君のためにゲームをやったようなもの。何の価値もないタイトル」と酷評され、球団幹部には「キミのことはエースとして扱っていない。最多勝のタイトルは意味がない。内容がない」と言い放たれた。追い打ちをかけるように、信頼していた立花コンディショニングコーチは、選手の調整法をめぐり鈴木監督とぶつかり退団。野茂は球団に対して「なぜやめさせたんだ?」と怒り、翌春には立花氏と個人契約を交わし、自主トレに同行させた。今思えば、いくつもの決裂の伏線が存在し、不穏な雰囲気のまま、野茂は94年の近鉄ラストシーズンを迎えることになる。

鈴木啓示と野茂英雄。とにかくふたりの偉大な大投手は水と油だった。まるでバブル全盛期のエース営業マンが管理職となり、Z世代とぶつかるような価値観の相違とジェネレーションギャップ。ひたすら走り込みと投げ込みで今の地位を築いた鈴木にとって、ウエート・トレーニングに没頭し、大リーグのビデオを見る若者のことは理解しがたかった。野茂は自著『僕のトルネード戦記』(集英社)の中で、当時の近鉄で感じた違和感を吐露している。

「近鉄のあるコーチの口癖なんですが、野球を会社にたとえるなら、監督は社長、コーチは部長か課長、そして選手は平社員であると。ヨソの球団はどうなのか知りませんが、こういう考え方にはついていけません」

自分が上の立場だからと一方的に叱るのではなく、選手を理解して気持ちよくプレーする環境を作るのが首脳陣の仕事ではないのかと野茂は憤るのだ。

嵐の予兆

プロ5年目の94年、春先から肩の違和感を訴え続けるも、開幕の西武戦であわやノーヒットノーランの快投を見せるが、9回裏に先頭の清原に初安打を許し、一死満塁のピンチを招くと鈴木監督はあっさり無失点のエースを交代させる。ブルペンでまさかの交代に動揺したリリーフの赤堀元之《あかほりもとゆき》は、伊東勤《つとむ》に逆転サヨナラ満塁弾を浴びる最悪のスタート。

それでも傷心の背番号11はハーラートップ争いに踏み止まり、7月1日の西武戦でプロ野球ワースト記録の1試合16四球を出しながら、3失点完投勝利。なんと191球を投げた。

もはや監督とは満足に会話を交わさない冷戦状態にあったが、野茂は一度でいいから、近鉄の仲間たちと優勝を味わいたくて懸命に投げたのである。「これが野茂。野茂にしかできんピッチングや」なんて喜ぶ鈴木監督だったが、さすがに無理がたたり7月15日の登板で右肩の違和感を訴え2回で降板。二軍調整後に復帰した8月24日の西武戦でも球速は130キロ台止まりで、3回で右肩痛を訴えマウンドを降りた。結果的にシーズンラスト登板となるが、この直後に野茂は、連日1時間のジョギングを自らに課し、3カ月で10キロ近い減量に成功する。その鬼気迫るトレーニングがなにを意味するのか、周囲はエースの胸中を知る由もない。

嵐の予兆は確かにあったのだ。「球団がどう考えてくれているか、ですから。今のボクの口からは何ともいえません」と秋口から語り、肩痛の公傷扱いが焦点になると思われた94年オフの契約更改。12月13日の一度目の交渉では、野茂サイドが希望した複数年契約は球団側に却下され、1000万円ダウンの年俸1億3000万円の単年契約を提示される。そして、21日の二度目の交渉は40分で決裂し、野茂の「サインしていません。複数年契約以外の要求も出しました。内容は今はいえません」という会見から、スポーツ新聞には「野茂大リーグ入り直訴」や「代理人交渉を要求」などの見出しが躍り、騒ぎは近鉄が予想だにしなかった方向へと展開していく。

この詳細を報じる「週刊ベースボール」95年1月23日号では、黒幕は「かつて日本の球団でプレーしたこともあり、血のつながりはないが父親が球界の大物といえば、事情通ならすぐに名前と顔が浮かんでくる」と名前こそ出していないが、エージェントの団野村の存在にも触れている。任意引退選手は旧所属球団の同意がなければ他球団でプレーすることはできないが、米国行きとなればその限りではないという野球協約の抜け道を突く流れに、「ウチと契約するしかないじゃないか」と高をくくっていた近鉄側も焦った。

大リーグ行きの真相

「ベースボールマガジン」別冊薫風号「野茂英雄と近鉄バファローズ」によると、近鉄の投手コーチで野茂の理解者だった佐藤道郎《みちお》は、年が明けた95年1月5日頃、前田泰男球団代表から電話があり、野茂サイドと7日に名古屋で会うから同席してくれと依頼されたという。佐藤は南海時代、野村克也の家で高校生の団と面識もあった。交渉の席上で近鉄側は総額1億円近い出来高契約を提示するも、それらには目もくれず「メジャーへ行かせてください」と主張する野茂。話は平行線を辿り、意見を求められた佐藤は「代表、天下の近鉄なんだから、バンザイして（メジャーに）行かせてあげましょうよ！」と思い切って発言する。これを受け、前田代表も「俺も微力ながら努力するよ！」とメジャー挑戦を容認するのだ。そして、95年1月9日、野茂は任意引退と大リーグ入りの決意を記者会見で語るのである。

「俺がメジャー行くときの契約交渉なんて、『もう辞めてくれ』と言われたからね（笑）。『じゃあ、辞める』と言ったら、『ああ、どうぞ。じゃあこれ、任意引退証』。辞めてくれてラッキー、みたいな感じや」（「Number」594号）

真実はひとつだが、事実はどちらのサイドから見るかで大きく変わる。のちに野茂自身は当時の裏側をそう語り、『NHKスペシャル 平成史スクープドキュメント』「大リーガーNOMO〜〝トルネード〟・日米の衝撃〜」では、一回目の契約交渉前に任意引退になっていたことを明かし、「任意引退になればメジャーに行けるよということだったので、実際それがすぐそんな簡単にとれるか、近鉄がそこまで簡単に辞めさせてくれるかなと思っていたんですけど」と告白している。彼は己の野球人生を懸け、断固たる決意で球団と対峙していたのだ。

仲の良かった吉井理人のように、94年の二軍調整中に野茂の口から「（来年は）アメリカに行きます」とはっきり聞いた同僚選手もいれば、鈴木監督とぶつかり三軍投手コーチに降格していた佐藤は野茂とキャッチボールをした際に勢いのあるボールがきたので驚き、「肩、痛いんだろう？」と思わず問うと、トルネードは笑いながら「はい」と答えてまた豪速球を投げ返したという。あるときは、「ミチさん、明日、メジャーのスカウトが（投球を）見たいっていうんですけど、ブルペンで投げていいですか？」と聞いてきたので許可すると、やはり凄まじいボールを投げ込んだ。

当時の労組選手会会長の岡田彰布は、自著『プロ野球　構造改革論』（宝島社新書）で、近鉄退団騒動の渦中に野茂サイドから「会いたい」とコンタクトがあったことを明かしている。伝え聞くところによると、どうもメジャーへは行かないという内容らしい。

会合日時は95年1月17日午後7時、大阪市内のホテルで待ち合わせることに決まった。だが、まさに約束の日の17日早朝、関西地方に大きな地震が起きるのだ。阪神・淡路大震災である。プライベートで四国にいた岡田は、飛行機が伊丹空港に着陸できる状態ではないことから大阪入りを諦める。結局、その直後の混乱で野茂との会合も自然消滅してしまったという。

もし、あの時、地震が起きなければ、もしくは数日早く会っていれば……。いや、そもそも強い大リーグ志向を隠そうとしなかった男が、土壇場になって「メジャーへ行かない」なんて言い出すだろうか。誰かが、何らかの意図で、選手会会長の岡田に野茂サイドを説得させるために一席設けようとしたと考えるのが自然だが、真相は藪の中だ。

それは革命だった

だが、男の運命なんて一寸先はどうなるか分からない――。

2月13日、ロサンゼルス・ドジャースの入団会見に臨んだ野茂は、メジャー未経験者としては過去最高の契約金200万ドル（約1億7000万円）と最低保障年俸の980万円での挑戦となった。前年から続く長期ストライキが終わったのは4月2日で、開幕が例年より1カ月遅れたが、これにより肩の故障で実戦から遠ざかっていた野茂はキャンプ地のベロビーチでじっくり調整することができたという。

5月2日のジャイアンツ戦での歴史的な初先発後、打線の援護に恵まれず初勝利まで1カ月かかったが、そこから連続完封を含む6連勝。6月14日のパイレーツ戦では16奪三振を記録した。地元ロサンゼルスで「NOMOマニア」と呼ばれる熱狂的ファンを生み、オールスター戦にも先発登板。ルーキーイヤーに13勝を挙げ、リーグトップの236奪三振を記録して新人王に輝いた。過去の日本人大リーガーにはマッシー村上というパイオニアはいたが、まだ27歳の全盛期の〝日本のエース〟が遠くアメリカの強打者たちをフォークボールで三振に斬って取るインパクトは凄まじいものがあった。

その様子は日本国内のメディアでも大々的に報じられ、「週刊現代」の「各界100人が選んだ'95年『日本の顔』」では木村拓哉やイチローを抑え、野茂は44票を集め1位に輝いている。

一方で渡米前後には、近鉄退団前にメジャー球団と交渉していたタンパリング疑惑も報道され、球界OBや記者から辛辣な意見が多々あったのも事実だ。会社に命じられまったく予備知識なく球場に来たり、プライベートまで執拗に追いかける記者に嫌気がさしてコメントを拒否することもあった野茂は、一部のマスコミと険悪な関係にあった。

　そして、近鉄の鈴木啓示監督は、「週刊ポスト」95年2月10日号で「自己満足、ここに極まれりやで」なんて袂を分かった元エースを痛烈に批判。「世の中、そんなに甘くないやろ。自分の思うようにならんのが人生や。そんな簡単にメジャーでは通用せんのとちがうか。夢も結構やが、自分の力というのもわかっとらんといかん」と怒れる元300勝投手だったが、絶対的エースを失った95年の近鉄は8年ぶりの最下位に低迷。鈴木監督はシーズン途中に辞任した。

野茂英雄（時事通信社）

　上司である監督とぶつかり、球団という会社に対する不信感を抱き、彼はひとり夢を追いかけ海を渡った。そんな無謀とも思える戦いに挑んだ野茂を日本のプロ野球選手たちはどう捉えていたのだろうか。自身もメジャー移籍のチャンスをうかがっていたオリックスの長谷川滋利《しげとし》は、祈るような気持ちで日本から同学年の野茂の投球を見ていたという。
「日本のナンバーワン投手が通用しなかったら、日本人がメジャーでプレーするチャンスはなくなってしまう。応援というか、日本の力を証明してくれという気持ちが強かったですね」（「Number」714号）
95年、ひとりの投手がMLBでトルネード旋風を巻き起こし、結果的にあとに続く日本人選手たちの道を作った。日米での新人王獲得は、長い球史において野茂ただひとり。MLBで二度のノーヒットノーランを含む123勝を挙げ、近鉄時代の78勝と合わせて日米通算201勝の金字塔。2014年には日本の野球殿堂入りも果たしている。偉大な記録の数々だが、その功績はあらゆる数字の価値を超えたところにある。
野茂英雄の野球人生は、記録でも、記憶でもない。革命だった。

第二章　「俺はもっとやれる」——運命を変えた移籍

野球選手も会社員も、時間との戦いだ。早く何者かにならないと時間が俺を追ってくる。学生を卒業してから20代後半までの数年間はあっという間だった。ならば30歳になるのもすぐだろう。ボヤボヤしていたらすぐ40代が見えてくる。

ここから這い上がるために、とにかく結果が欲しい。なのにチームや上司からは若手のサポート役のような役割を求められることもある。要は組織の使い勝手のいい捨て駒だ。

「違うんだ、チャンスをくれ。金をくれ。もっとくれ。時間がないんだ」

いつの時代も10代の無力感は美しくとも、アラサーの無力感は悲惨なものだ。あの頃の妙な焦りは今も忘れちゃいない。いっそ、手遅れになる前に新しい環境に行かせてくれとすら願った。

だって、俺はもっとやれるから――。

この章は、そう自分を信じ続けたプロ野球選手たちの魂の叫びである。

1.「巨人の三軍」「50万円移籍」からの逆転
――本原正治（1985〜94、巨人〜ダイエー〜広島）

桑田と同期入団

故障持ちの誰からも期待されていない三軍投手が、翌年には一軍のオールスター戦に出場する。かつて金銭トレードをきっかけに、そんな奇跡のような逆転野球人生を実現させた投手がいた。1990（平成2）年6月中旬、巨人からダイエーへ移籍した本原正治《まさはる》である。

魚屋の息子として育ち、名門・広陵高では技巧派右腕として活躍。身長177センチ、体重67キロと線は細かったが、ムチのようにしなる右腕と上体の使い方は天性のものと評価され、85年ドラフト4位で巨人から指名される。そう、この年の1位桑田真澄と同学年の同期入団である。

本原は3年目の88年春にオープン戦とはいえ一軍に帯同し、イースタンでは7勝を挙げ、防御率1点台を記録。順調に行けば中継ぎでチャンスがあるかと思われたが、間の悪いことに右肩を痛めてしまう。のちに「あれで、巨人の本原は終わったと思います。巨人の投手陣の中では、ちょっとした故障でも命取りですから」と振り返った痛恨のリタイアだ。

ただ、本原はある意味、達観した野球観の持ち主だった。会社や環境が悪い？　いや怪我をしたオレが悪いさ。暗い恨み節なんて性にあわない。自他ともに認める明るく軽い性格で、中学時代には丸刈り頭がイヤで少年野球チームをやめたこともある。一方、練習嫌いで知られ、「なんだって、〝しすぎ〟はよくないんですよ」とか「スタミナがないから、夏場はいつもバテて合宿所で寝転がっていたんですよ」なんて平然と言ってのけた。スポ根全盛の昭和のプロ野球では、異端の〝新人類〟である。

さらに右肩が癒えたと思ったら次は腰も痛めて、三軍でのリハビリ生活へ。そうこうするうちに現場復帰した藤田元司《もとし》監督は、先発完投を徹底させたプロ野球史上屈指とも称される投手王国を作り上げる。90年シーズンは130試合制で、巨人のチーム完投数は驚異の70。一軍で投げた投手は年間でわずか10人しかいない。鹿取《かとり》義隆や角盈男《すみみつお》（当時は三男）といった実績のあるベテランリリーバーでさえも登板機会を求めて移籍する環境では、故障持ちの投手にチャンスはほとんどなかった。

本原は、三軍でリハビリ生活を送りながら、軽い練習が終わると「今日は何して遊ぼうか」と考え、テレビで一軍の試合を見かけたら、「一軍が優勝したら、二軍もどっか旅行に連れてってもらえるから、いいや」と応援した。数年前は、友人から桑田のサインを頼まれても断っていた反骨の炎は消えかかっていたのだ。ドラフト4位入団の高卒5年目。冷静に見て、あと1年面倒を見てもらえるか？ こりゃあもう厳しいかもしれんな……。当然、そんな考えが何度も頭をよぎる。

わずか50万円でのトレード

だが、男の運命なんて一寸先はどうなるか分からない――。

23歳の春、受験勉強からドロップアウトした浪人生のような生活を送り、やっと支配下選手登録され、打撃練習に投げ始めたと思った矢先の90年6月14日のことだ。トレード期限直前に福岡出身の山田武史とともにダイエーホークスへの移籍が決まる。

金銭トレードである。なんと金額は、ふたりあわせて１００万円。つまり、本原はわずか50万円の金銭と引き換えに新天地へ渡ったことになる。当時、記録的な負けっぷりで就任1年目の序盤から最下位に沈む田淵幸一監督だったが、若手を一軍に上げたくても二軍でも故障者が続出して満足に投げられる投手がいなかった。そこで球界屈指の投手力を誇る巨人の藤田元司監督に頭を下げて、本原のトレードを相談する。交換要員の希望を聞くと、「本原クラスの選手なら交換なんていらんよ」と藤田監督は言ったという。

あまりの金額の安さに〝閉店間際のセール〟〝巨人からタタキ売り〟と揶揄する声もあったが、「あのまま巨人にいたら、よくてもファームの敗戦処理でしょうね。よく田淵さんが声をかけてくれましたよ」と本原はこの急な移籍話にノリ気だった。チーム合流から約1カ月半後の90年7月30日のロッテ戦で中継ぎデビュー。これが5年目にして一軍初登板でもあった。

その3日後の西武戦にプロ初先発すると、黄金時代の西武打線相手に8回3失点の粘投で勝利投手に。相手の森祇晶監督を「プロで二度目の登板のピッチャーやろ。とにかく打てなさすぎた。こんなことではどうしようもない」と悔しがらせた。そこから順調に白星を重ねて、5勝中3勝が西武というレオキラーぶりが注目される。9月20日、西武の胴上げがかかった本拠地・平和台球場での一戦では、同級生の清原和博相手に二死満塁のフルカウントから、ど真ん中の135キロ直球で空振り三振に打ち取り、2失点のプロ初完投勝利を挙げた。

この頃、本原は巨人でのリハビリ生活を「ボクなんか、三軍ができたおかげで今があるようなもんなんですから」と振り返り、こう笑うのだ。「ヒマで仕方がなかったので、新しい球を覚えようとフォークの握り方を研究していたんですよ」と。

本原正治（朝日新聞社）

とにかく背番号32のその発言は自由奔放で、「週刊ベースボール」90年9月17日号「松沼雅之のオト松見参！球Qトーク」のゲストに登場。松沼からは「真っすぐが結構いいんだよな。サイド気味に来るから、オーバースローの140キロ以上に相当する威力があるよ」と褒められ、本人はパ・リーグでのブレイクに、「〃近鉄のユニフォーム、初めて近くで見た〃とか、そんな感じですよ（笑）。実はダイエーも誰がレギュラーか、知らなかったんですもん（笑）」なんて本音トークを炸裂させている。

「パの打者、わからないですよ。清原はさすがに怖い感じはありますけど、ブライアントもトレーバーもラッキーなことに当たってないんで……。考えたってわからないんですもん。力がないんだから打たれたってしょうがないやって。そう思いますよ、ホントに。（この間まで二軍にいたんだって？　と聞かれ）それどころか二軍でも投げてないんですもん、ボクは」

「レオキラー」の儚い夢

移籍1年目は10試合に先発登板すると5勝5敗、防御率4・48と上々の数字を残す。本人いわく「気合いの入った135キロの直球」と、「もし、巨人時代から投げてたら、タマ筋が一定して、ダメだったでしょうね。未完成だから、よかったんですよ」というダイエーで本格的に投げ始めたフォークボールが武器。さらにカーブやチェンジアップにも挑戦した。契約更改では年俸480万円から1320万円へ大幅アップ。首位西武に40ゲーム差も引き離され、球団ワーストの年間85敗を喫し最下位に終わったチームにおいて、数少ない希望が23歳本原の覚醒だった。

移籍2年目の91年も快進撃は続き、暖かいハワイキャンプで腰の不安を気にせず、ハツラツとダッシュを繰り返した。主力投手の中でも一、二を争う仕上がりの早さを見せ、開幕2戦目の先発マウンドへ。前半戦8勝2敗の好成績を残し、補充選手として初のオールスター出場も果たす。

巨人の三軍でくすぶっていた右腕が、わずか1年足らずで夢の舞台にたどり着いたわけだ。しかし、ここが本原のサクセスストーリーのピークだった。苦手な夏場に疲れが溜まり下半身に粘りがなくなり投球フォームが乱れ、球宴後にはまったく勝てなくなるのだ。二ケタ到達は確実視されたが、終わってみれば8勝9敗、防御率4・78。自身初の規定投球回には達したが、後半戦は1勝もできなかった。

いつの時代も夢の時間の終わりは、あっけないものだ。翌92年はオリックスのルーキー鈴木一朗（イチロー）のプロ初打席の相手も務めたが2勝と低迷。93年オフには広島へ金銭トレードされるも、再び輝きを取り戻すことはなかった。なお、本原は90年から91年にかけて西武戦5連勝を記録したが、巨人は89年から92年まで日本シリーズの4連敗を含む対西武14連敗を喫している。皮肉なことに、当時の巨人がなによりも欲した「レオキラー」は、自チームの三軍に埋もれていたのである。

2.「二軍の帝王」の覚醒
——吉岡雄二（1989～2008、巨人～近鉄～楽天）

甲子園優勝投手が打者に転向

人生はふとしたきっかけで変わる。そう、トレードは野球人生をリスタートするチャンスでもある。

一昔前は、〝栄転〟というより〝左遷〟のイメージが強かった移籍通告。それでも新しい環境で心機一転、己の運命を切り開いた選手もいる。40代以上には甲子園V投手、若い世代には『とんねるずのスポーツ王は俺だ‼』の「リアル野球BAN」で現役選手顔負けの打球をかっ飛ばす白髪のおじさんとして知られる、あのスラッガーもそうだった。

吉岡雄二もまたトレードによって、大きく運命を変えた選手のひとりである。帝京高校を夏の甲子園で優勝に導いた四番エースは、投手だけでなく高校通算51本塁打を放った大型野手としても高い評価を受けていた。1989（平成元）年ドラフトで巨人から3位指名を受け、当初は投手でスタートするも入団早々右肩を故障して2年間はリハビリ生活。復帰後は再び投手を続けるが、プロ3年目の92年秋に打者転向へ。

身長189センチの和製大砲は、「右の吉岡、左の松井秀喜」と元甲子園のヒーローコンビで復帰した長嶋茂雄監督からも期待される。できたばかりのFA制度で一塁レギュラーの駒田徳広《のりひろ》が横浜へ移籍した93年オフには、その背番号10が吉岡に継承されるほどだった。野球評論家の田尾安志《やすし》は「週刊現代」94年1月15日・22日号の「これがイチ推し！『'94年のホープたち』」企画で、新10番をパワープッシュ。秋季キャンプでテイクバックの際にグッと後ろに体重が残っているスイングを見て、「松井と比較しても、スイングだけ見れば、吉岡のほうがよかった」なんて絶賛。「3割30本は打てる。首脳陣も、フルシーズン彼を使ってほしい」と、前年10試合で33打席しか与えられなかった逸材の起用法に苦言を呈した。

「週刊ベースボール」94年4月11日号でも、「チーム若返りのカギを握る新和製大砲、吉岡雄二のザ・チャレンジ・ロード94」という特集が掲載されている。オープン戦を終えて帰京するJR水戸駅のホーム上で、中畑清打撃コーチとバット片手にフォームチェック。いやそれ他の乗客に迷惑なんじゃ……と突っ込む間もなく、海外自主トレに同行した原辰徳《たつのり》の弟子からライバルへ昇格と記事では煽る。長嶋監督も「いいねえ、吉岡のような顔はサムライ顔っていうんですよ。幕末の志士・高杉晋作のような顔をしているでしょ。こういう顔をしている人は、いかにも相手に対してスキを与えないんですよね」なんて例によってなんだかよく分からないエール。3月24日に二軍落ちするが、2本塁打、5打点はオープン戦チーム二冠だった。

「二軍の帝王」が移籍

その94年は一軍出場こそなかったが、イースタン・リーグで22本塁打、72打点と二冠獲得（イースタンのシーズン最多安打記録も更新）。ちなみにこの90年代半ばの巨人二軍成績を確認すると、完全に吉岡雄二と同期入団の89年ドラフト1位大森剛の〝ＹＯ砲〟時代である。

92年には大森が当時イースタン新記録となる27本塁打、69打点で二冠獲得。翌93年も18本塁打で2年連続のキングに輝く。そして、94年は前述の通り吉岡が二冠。すると負けじと96年は大森が25本塁打で三度目のイースタン本塁打王、63打点で二度目の打点王と二冠奪取。二軍では敵なしの最強コンビだったが、当時の巨人は落合博満、広沢克己《かつみ》、ジャック・ハウエルと終わりなき大型補強時代へ突入。一塁と三塁候補は多く、まだ原辰徳や岡崎郁《かおる》の生え抜きベテラン陣も在籍しており、若手が食い込む余地はなかった。

95年に原が引退、ハウエルもシーズン途中退団、自身はプロ初アーチを含む4本塁打を放ちようやくチャンスが……と思いきや、翌96年には三塁に新外国人のジェフ・マントを補強。さらに長嶋監督は感情を表に出す元気な選手を好む傾向があり、吉岡は寡黙に黙々とプレーするタイプで、それだけでアピール不足と見られてしまう悪循環だ。「週刊ベースボール」増刊号の落語家ヨネスケとのヤングG座談会でも「吉岡選手はもうちょっとファイトを出してもいいんじゃないかな。いわれない？」なんて突っ込まれ、「いわれます（笑）」と苦笑い。

それでも、96年開幕直後にマントが打撃不振で退団。ついに自分の出番かと意気込んで東京ドームへ行くと、三塁スタメンは二軍から上がってきたばかりの長嶋一茂《かずしげ》だった。オープン戦から好調でチャンスを待ち続けたのにこれが現実か……。当時の心境を『元・巨人　ジャイアンツを去るということ』（矢崎良一、廣済堂文庫）の中で吉岡はこう語る。

「開幕から一軍の試合に出られないのがすごく歯がゆかった。チーム事情とかいろいろありますから、こんなこと言っちゃいけないけど、せめてマントに見切りをつけた段階で、先発で少しでも使ってもらいたかった。結果を出せるだけのコンディションではあったと思うんです。代打すらなかったんですからね。それでベンチを温めているうちに、調子よかったころの感覚がだんだんと麻痺していったんです」

気が付けば、7年目の25歳。秋季キャンプのメンバーからも漏れ、またFAで西武から清原和博が移籍してくることも決定的だった。

俺はもうこのチームに必要とされていないのか？　だが、男の運命なんて一寸先はどうなるか分からない——。そんなタイミングで近鉄の主砲・石井浩郎《ひろお》が、契約更改で60パーセントの大幅ダウンを突き付けられ球団と対立。左手首の治療費を巡り両者の関係は修復不能になり、涙ながらに石井は近鉄との決別を決意する。横浜や西武など計6球団がトレードでの獲得に動くも、最終的に石毛博史《ひろし》と吉岡を交換要員にリストアップした巨人が争奪戦を制する。

すでにこの一連の経過は事前にスポーツ各紙で大きく報じられており、公開トレードのような状態だった。最多セーブの実績を持つ石毛は、移籍通告の席に球団代表がいなかったことに腹を立て返事を保留したが、吉岡は即答でトレードを了承。不安はもちろんある。東京生まれで、巨人ブランドの威光も今よりもずっと強かった90年代、パ・リーグへの移籍は都落ちのような捉え方もされたが、25歳の伸び悩む若手にとっては環境を変えるチャンスだった。しかも97年から近鉄の新本拠地は完成したばかりの大阪ドーム（現・京セラドーム大阪）へ。新しいチームと新しい球場でプロ8年目のシーズンを迎える。幸か不幸か、吉岡にはすがる過去も実績もなかった。何者でもない若者は、今を生きるしかなかったのだ。

新天地での覚醒

「僕自身は、今は野球や自分のことで精一杯なんで、巨人に対してどうとか、そういうことは全く考えていません。ただ、近鉄に来て思うのは、メディアの目もファンの目もあまり気にせずいられるし、その点、すごく自由にやれていますね。確かに岡崎さんのおっしゃる通り、水が合うのかもしれません」

「週刊ベースボール」97年4月7日号で巨人OB岡崎郁からインタビューを受け、新しい環境について前向きにそう語った。佐々木恭介監督は「石井のトレード話がなくても

吉岡雄二（時事通信社）

ウチは欲しくて手を挙げていた選手。それだけに出てきてほしいんや」と大きな期待をかけ、吉岡も慣れない左翼守備にも挑戦してそれに応える。

移籍2年目の98年には自己最多の13本塁打、区切りのプロ10年目の99年には一塁レギュラーを獲得。初の規定打席に到達して打率・276、13本塁打、57打点、12盗塁を記録する。巨人二軍時代にクリーンアップを組んだ大森剛も近鉄に移籍してきたが、新天地に馴染めず、わずか2年で引退。トレードはリスタートであり、ときにラストチャンスでもある。対照的に大阪で自分の居場所を見つけた吉岡は、2001年の近鉄バファローズ最後の優勝に大きく貢献してみせる。

〝いてまえ打線〟はタフィ・ローズと中村紀洋《のりひろ》のふたりで計101発、263打点の三・四番コンビが目立ったが、それを後方から支えたのは勝負強い五番の礒部《いそべ》公一《こういち》と、打率・265、26本塁打、85打点の恐怖の六番打者吉岡だった。そんな礒部と吉岡を梨田昌孝監督は「(優勝の) わき役じゃない。準主役だよ。助演男優賞ってあるでしょう」と称えた。移籍時に1300万円だった年俸はやがて1億円を突破。もう元巨人ではなく、立派に近鉄のレギュラーを張る背番号3だ。

04年オープン戦でアキレス腱断裂の大怪我を負うが、05年からは新球団・楽天で見事カムバック。ちなみに楽天球団初のサヨナラ安打は吉岡が放っている。08年限りでの退団後は、メキシカン・リーグでもプレーした。

巨人時代、感情を表に出せと周囲から苦言を呈されていた男は、負けん気と情熱を内に秘め30代後半になっても貪欲に野球に食らいついた。彼は25歳でトレードされてから、過去を振り返るのではなく、未来を見続けたのだ。なお、吉岡雄二のNPB通算131本塁打中126本は、近鉄と楽天で記録したものである。

3.「古田の影武者」がリーグを代表する捕手に
――野口寿浩（1989〜2010、ヤクルト〜日本ハム〜阪神〜横浜）

古田という大きな壁

もし「絶対に勝てないライバル」がいたら、あなたならどうするだろうか？ その場にとどまりチャンスを待つか、それとも新天地でのリスタートに懸けるのか？ 冷静に見て、戦うにはあまりに巨大すぎる相手で、自分が勝つのは不可能に近い。そういう存在が近くにいたとき、人は人生の選択を迫られる。

ヤクルト時代の野口寿浩《としひろ》もそうだった。市立習志野高校では強肩強打の捕手として知られ、1989（平成元）年ドラフト外でヤクルト入り。伊東勤（西武）や田村藤夫（日本ハム）のような職人肌の堅実なタイプの捕手に憧れる18歳の門出だ。当初は自分のことで精一杯で周囲を見る余裕もなかったが、このとき同期入団のドラフト2位指名選手もキャッチャーだった。ポジションも被れば、好みのタイプ小泉今日子まで同じのメガネ君。そう、のちに〝平成最高の捕手〟と称される古田敦也である。

90年からヤクルトの監督に就任した野村克也は、新人の古田をレギュラーに抜擢して捕手の帝王学を叩き込んだ。背番号27は1年目からリーグトップの盗塁阻止率・527をマークしてゴールデン・グラブ賞に輝き、2年目には課題と言われていた打撃でも打率・340で首位打者を獲得。ID野球の申し子は、瞬く間に球界を代表する捕手へと駆け上がっていく。

なお、92年秋の野村ヤクルトV1を報じる「週刊ベースボール」増刊号において、「今に見ていろ、オレだって！」というファームの記事で「第2捕手としての期待も高い」と紹介されているのが野口だ。この年の古田は全試合でマスクを被り、打率・316、30本塁打、86打点の好成績で攻守の要として優勝の立役者に。27歳の絶頂期を迎えていた。偉大な先輩と歳が離れていたら、年功序列で椅子が空くのを待てばいい。だが、野口と古田は6歳しか違わない。衰えるのを待っていたら、自分も30歳を過ぎてしまう。

「最強の控え捕手」として

ライバルの凄さは同じチームでポジションを争う野口が誰よりも分かっていた。古田の計算し尽くされたミスのないリード、天性の体の柔らかさにリストの強さを生かしたキャッチング技術は芸術的ですらあった。野村ヤクルトが初の日本一に輝く93年には、2年連続フル出場でMVPに輝いた背番号27。当時の「週刊ベースボール」には野口のこんな小さなコメントが掲載されている。

「古田さんに対抗しようとすると課題だらけになってしまうので、僕自身をアピールしていこうと思っています」

肩と足では決して負けていない。イースタンでは盗塁阻止率4割を超え、手応えもあった。しかし、93年の古田は一軍で盗塁阻止率・644というNPB新記録を樹立。ライバルはまさにプロ野球史上最高クラスの捕手だった。野口にとって数少ないチャンスは94年春先にやって来る。ファウルチップを指に受けた古田が骨折で戦線離脱。野村監督は、前年まで一軍で1試合だけしか出場経験がなかった22歳の野口を代役として起用する。

4月15日の巨人戦でプロ初スタメンを飾ると、19日の横浜戦では4打数4安打の大暴れ。だが、大黒柱を失ったチームはリーグ最下位の防御率にあえぎ、当初は背番号27のリタイアに「野口を育てろという天の声や」なんてコメントしたノムさんも、日に日に厳しいボヤキが増えていく。それは期待の裏返しだったが、ベテラン捕手の中西親志《ちかし》をスタメンで使うこともあり、柴田猛バッテリーコーチは「（野口は）いいモノを持っているんです。今は一軍で最初の壁にブチ当たっているんですよ。古田と比べたら可哀想。長い目で優しく見守ってあげてくださいよ」と長年二軍の正捕手を務めた若者をかばった。

結局、94年の野口は63試合で打率・270という合格点の数字を残し、翌年は背番号67から38へ昇格。カラオケの十八番は徳永英明の『壊れかけのRadio』……というのは置いといて、プロ5年目の飛躍。他球団ならばここから正捕手へ定着していく流れだが、なにせライバルは〝平成最高の捕手〟である。95年に古田が完全復活した野村ヤクルトは再び日本一に輝くが、「週刊ベースボール」V記念号で野口は〝影武者生活も活躍の場虎視眈々と〟の見出しで「開幕から後半戦まで、古田の他に捕手としてベンチ入りしていたのは野口ただ一人」と紹介されている。

「出番があれば、必ずいい仕事ができるように準備しています」なんて口にはするものの、どんなに頑張っても〝最強の控え捕手〟止まりの現実。追い打ちをかけるようにヤクルトは95年ドラフト会議で明治大のキャッチャー野村克則《かつのり》を指名した。つまり、野口は〝平成最高の捕手〟に加えて、〝監督の息子〟とひとつしかないポジションを争うことになるわけだ。出場機会が減ることはあっても増えることはないだろう。

現に97年はわずか16試合の出場と古田だけでなくカツノリをも下回った。第二捕手は二軍のゲームに出て試合勘を鈍らせないことも仕事の内と頭では理解していても、感情が暴れ出す。あまりに酷な労働環境である。自分が野口の立場なら「やってられるか」と腐るかもしれない。

皮肉なことに、チームからしたらその捕手能力は貴重だった。94年シーズンのように大黒柱の古田に何かあっても、高いレベルで代役を務められる存在。いわば〝古田の保険〟の第二捕手としてベンチに置いておきたい。幾度となく他球団から獲得の探りはあったが放出することはなかった。だが、野口からしたらもう若手と呼ばれる時期は終わろうとしていた。このままなら出してほしい。25歳を過ぎたあたりから球団に移籍の希望を伝えるようになる。いつの時代も組織の都合と個人の事情は、決して同じ方向を向いているわけではないのだ。

日本ハムへ電撃トレード

そして、野口はプロ8年目を終え、再び球団にトレード志願をする。当然、ヤクルトも慰留に努め、一旦は98年の1月下旬に契約更改。だが、男の運命なんて一寸先はどうなるか分からない――。

開幕直前に移籍話が再燃するのだ。日本ハムが野口の獲得を熱望したのである。オフにFAで中嶋聡《さとし》（オリックス）の獲得に名乗りをあげるも西武との争奪戦に敗れ、正捕手の田口昌徳《まさのり》も伸び悩んでいた。しかも交換要員には若手内野手の城石憲之《しろいしのりゆき》を出すという。当時のヤクルトは宮本慎也が脱税事件による出場停止で遊撃手を探していたのだ。

のちにYouTubeチャンネル『野球いっかん！』で野口本人が明かしていたが、日本ハムに在籍していた落合博満がオープン戦で野村監督と話した際に、「盗塁が刺せて、ワンバウンドを止められる捕手」の野口が欲しいと直談判したという（ちなみにこの時の落合はイチ現役選手である）。前年は優勝チームの西武にいいように走られまくり、バッテリー強化は急務だった。

両球団間で開幕直後にトレードが合意すると、野口は即入団発表。1月に移籍志願が立ち消えた際も、「それでもね、チャンスがあれば、と思ってましたよ」と他球団でのプレー願望を捨てなかった新背番号54の〝出されるトレード〟ではなく、〝自ら出て行くトレード〟だ。

新天地に合流すると野口には思わぬ形でチャンスが巡ってくる。開幕からマスクを被る田口がホームクロスプレーで左ヒザの靭帯を損傷して離脱。ヤクルト時代は8年間で109試合、わずか1本塁打だった27歳が正捕手に定着するのだ。当時、打撃に定評があった内野手登録の新人キャッチャーもいたが、上田利治《としはる》監督は野口をメインで使い、ルーキーを代打の切り札にしたかったという。その選手こそのちの名球会打者・小笠原道大《みちひろ》である。

野口は5月13日から先発起用。17日の近鉄戦では、4打数4安打の活躍で東京ドームのヒーローインタビューに呼ばれ、「お立ち台なんて何年ぶりでしょうか」と本拠地のファンに向けて挨拶してみせた。慣れない一軍レギュラーの重労働で円形脱毛症に悩まされながら、誰よりも試合に飢えていた男は躍動する。

移籍1年目の98年シーズンは、チーム捕手最多の92試合にスタメン出場すると、〝ビッグバン打線〟の一角を担い打率・235、10本塁打、34打点の成績を残し、オールスターにも初選出。前半戦の首位を独走した日本ハムは後半に失速して2位に終わるも、野口の盗塁阻止率・421はリーグトップを記録した。日米野球のメンバーにも代役で

野口寿浩（時事通信社）

選ばれ、12月には結婚式で新妻とキャッチャーミット型のウエディングケーキに仲良く入刀。電撃移籍からわずか1年足らずでバラ色のオフを実現させたのである。

4球団を渡り歩いた21年間のプロ生活

プロ10年目の99年は、キャリアハイの130試合出場で自身初の規定打席にも到達。2000年には打率・298をマーク。三塁打11はリーグトップタイという俊足捕手はチャンスにも強く、恐怖の八番打者として恐れられた。盗塁阻止率・423と強肩も健在で、二度目のオールスターにも出場。年俸も移籍時の約4倍となる8000万円を超え、20代の終わり、ついに「古田の影武者」はリーグを代表する捕手になった。

その後はチームの若返りもあり、02年のシーズンオフには阪神へトレード移籍。ここでは再び正捕手・矢野輝弘《あきひろ》（のち燿大《あきひろ》）の第二捕手を務め、リーグ優勝に貢献する。バッテリーを組んだ多くの若手投手たちの一本立ちを見届け、08年のシーズンオフにはFAで横浜へ。39歳の２０１０年限りで引退したが、４球団を渡り歩き21年間のプロ生活をまっとうした。なお、兼任監督まで務めた古田は42歳の07年まで生涯ヤクルトで現役を続けており、野口が古巣に残っていたら出場機会も限られ、これほど長くプロ生活は続かなかったのではないだろうか？

オレはもっとやれる。だから早く出してくれ――。

あのトレード志願が、野口寿浩の逆転野球人生を切り開いたのである。

4．二浪の新人がWBCの参謀となるまで
——城石憲之（1994～2009、日本ハム～ヤクルト）

空白の3年間

高校時代の彼は、将来を嘱望されるスター球児だった。

「週刊ベースボール」1991（平成3）年4月1日号の春のセンバツ甲子園の出場校名鑑では、初出場の春日部共栄高の遊撃手として名を連ね、同学年には上田佳範《よしのり》（松商学園高）や鈴木一朗（愛工大名電高）がいた世代である。「週刊読売」91年8月18日・25日号では、「やや細身だが、シャープなバッティングでチャンスに強いところを見せ、決勝の対聖望戦（相手エースは門倉健《かどくらけん》）では七回に同点本塁打、八回に決勝の二塁打を放っている。打率は4割9厘」と高木大成（桐蔭学園高）や萩原誠（大阪桐蔭高）らと並んで、プロ注目の打者と紹介されている。

主将を務め、右打席から鋭い打球を飛ばし、甲子園に春夏連続出場したイケメンの大

型遊撃手に対して、プロ5球団から誘いがきた。間違いなく、当時の城石憲之は、輝かしい未来が約束されたアマチュア球界の有望株だった。だが、それを最後に、彼の名はしばらく野球界から消えた。次に城石の名が世に出るのは、94年ドラフト会議で日本ハムから5位指名を受けたときである。

空白の3年間——。92年春、城石は青学大の野球部に入るも、10日間で退部。周囲から引き留められたが、学校も中退してしまう。野球エリートと呼ばれるコースから、自らドロップアウトしたのだ。大学野球部の理不尽な縦社会に、今に見てろよと思う気力も根性もなかった。それどころか、普通の19歳のように遊びたいと願う自分がいた。いわば、高校時代に燃え尽きていたのだ。

「大学はすぐ辞めたんです。野球部へは入学前から行ったんですが、その時点で。籍はありましたけど通っていません。高校で厳しさを経験してきて甲子園にも出たけど、大学でまたイチからスタート。再び厳しい生活になるのが、自分のなかで耐えられなくなったんじゃないですか。今考えるとくだらない理由ですけど。『もう野球はできない』と思ったし、やろうとも思わなかった」(「週刊ベースボール」2010年1月18日号)

テストを経てプロへ

すぐ埼玉の実家に戻り、昼はガソリンスタンドの店員やソバ屋の出前のアルバイト。時間ができれば一人暮らしの友人の部屋に転がり込み、夜は仲間たちと遊ぶ。時給700円、カネはないが時間だけはたっぷりある、19歳フリーターの普通の青春がそこにはあった。だが、気楽な生活は、物足りなさと背中合わせだ。打球をさばくヒリヒリするような緊張感も、打席での吐くようなプレッシャーもない当たり前の毎日が過ぎていく。

城石はのちに当時の心境をこう語る。

「どうしようもなかったですね、あのときは。やることもないし、目標もなかった。野球中心に生活してきて、野球がなくなってしまったのだから」（「週刊ベースボール」2002年9月9日号）

俺はこのままでいいのだろうか……。20歳になったが、成人式にもでなかった。2年前は地元のヒーローも、今ではたまに草野球の助っ人に呼ばれる程度。プロ野球や大学球界では、同い年の知った顔が活躍し始めていたが、テレビ中継を見ることもなく、それも別世界の出来事だった。気が付けば、城石は己の人生を懸けるものを欲していた。

答えは簡単に出た。自分が勝負できる場所は、野球しかなかった。

心配した父親が、「もう一度野球をやるなら、できる限りの手伝いをする」と通勤前の早朝キャッチボールに付き合ってくれた。トレーニングを手伝ってもらい、もしかしたら何とかなるかも……と甘い希望を抱き、93年秋にヤクルトの入団テストを受けたが、実戦から離れていた城石は当然のように不合格だ。

現実の厳しさに直面して、今度は父の知人を頼り社会人の東芝野球部の練習に参加する。冬の3カ月間、社会人の名門のハードな練習に食らいついて錆びついた体を鍛え直し、94年3月には日本ハムの入団テストに臨んだ。すると自分でも驚くほど打球が飛び、合格を勝ち取った。

しかし、まだ3月なので、秋のドラフト会議まで半年以上ある。城石は、埼玉の大宮から電車を乗り継ぎ、多摩川丸子橋の日本ハム二軍グラウンドへ通った。二軍の選手がいない時間を見計らって、室内練習場で打撃マシンに向かうためだ。このシーズン、日本ハムの一軍は最下位に低迷。責任を取り大沢啓二監督が辞任して、オフには上田利治が新監督に就任する。上田は91年当時、オリックスのフロントにいたが、甲子園で活躍していた城石をドラフト候補にあげていたという。

異色の二浪新人〝ニローくん〟

そうして、紆余曲折ありながら、94年ドラフト会議で日本ハムから5位指名を受けるのだ。回り道の果てにようやく立ったスタートライン。なお94年シーズンは、プロ3年目のオリックスの背番号51がプロ野球新記録の年間210安打を放ち、球界の話題を独占していた。高校時代、73年生まれの城石と同学年で甲子園を沸かせた鈴木一朗は「イチロー」と名乗り、瞬く間に球界のスーパースターへと駆け上がったのだ。ちなみに当時の「週刊ベースボール」では、フリーター出身の異色の二浪新人〝ニローくん〟と城石を紹介している。オリックスにはイチロー、ロッテにはサブロー（大村三郎）、日本ハムにはニローである。95年の春季キャンプ、一軍に呼ばれたルーキー城石を高校時代以来4年ぶりに見た上田監督は、「背も伸びたしパワーもついた。鍛えがいのある選手や」と期待を口にした。

しかし、沖縄・名護キャンプ行きメンバーに大抜擢されたと思ったら、3日目に39度の発熱で沖縄から強制送還。だが、入団テストで城石の打撃を高く評価した種茂《たねも》雅之二軍監督は、「いいものを持っているし、辛抱強く使っていきたいね。鍛えがいのある選手だよ。まだ、素質だけでプレーしているからな……」と開幕後も試合勘を取り戻させようと二軍の実戦で起用し続けた。1年目はイースタン・リーグで82試合に出て、リーグワーストの打率・216に終わるが、城石本人は「率よりも、試合に出られたことで満足しています。夏ぐらいには試合感覚も戻ってきた」と前を向いた。

1年目の最終盤に一軍昇格すると、初安打も記録。3年目の97年には、西浦克拓《かつひろ》らとともにジュニアオールスターに出場する。この年、日本ハムの二軍は借り物の相模原球場から、130億円の巨費を投じて建設した鎌ケ谷のファイターズタウンへ移転。リーグ新記録の63勝で17年ぶりのイースタン優勝、初の二軍日本一にも輝いた。いわば、城石や西浦は鎌ケ谷で再始動した〝育成の日本ハム〟の一期生でもあった。

だが、初の開幕一軍入りを果たした、98年の開幕戦を翌日に控えた4月3日の夜。ホテルで上田監督から呼び出され、「明日からヤクルトへ行ってくれ」と告げられるのだ。

日本ハムサイドは、絶対的存在の古田敦也がいるため出場機会に恵まれない捕手の野口寿浩を欲しがっており、ヤクルト側は球界を揺るがした集団脱税事件で宮本慎也が4週間の出場停止となったタイミングで、代役遊撃手の緊急補強に乗り出した。

なお、城石がヤクルト移籍後に可愛がってもらった3歳上の宮本は、ドラフトの同期で逆指名時にヤクルトか日本ハムで迷い、「もし俺が日本ハムに入っていたら、おまえはプロには入っていなかったかもな」と明かされたという。ちなみに、野口と城石のトレードが成立したその日、巨人との開幕戦で正捕手の古田が右手親指の付け根を負傷。もし数日遅れていたら、第二捕手の野口を出すこのトレードは成立していなかったかもしれない。

「僕は恵まれています」

「突然のことで驚いています。でも、気分を一新してまた一から頑張りたい」と移籍会見では戸惑いながらも、新天地1年目の98年9月15日の中日戦、本拠地の神宮球場でプロ初アーチを放った。宮本の復帰後は慣れない二塁守備を身につけようと、他の選手がオフの日も関係なく練習に没頭。宮本からはグラブを譲り受け、毎オフに修理をしながら、引退するまで使い続けた。日本ハム3年間で9試合の出場しかなかった男が、移籍すると98年は44試合、99年は86試合と守備固めを中心に急激に出番を増やしていく。

「テスト入団だから球団にとって『何とか育てなきゃ』という選手ではないでしょうし、何かがズバ抜けていたわけでもない。成績を見たら日本ハムの3年間で終わっていてもいい選手ですよ。良いタイミングで引き抜かれた運もあるんじゃないですかね。選手は

城石憲之（時事通信社）

みんな、全力で頑張っています。それでも終わっていく選手をいっぱい見てきた。不思議ですよ。僕は恵まれています」（「週刊ベースボール」２０１０年1月18日号）

　一度は野球をあきらめた城石には、先輩にも物怖じせず意見を言える熱さと同時に、「なるようになるさ」というどこか達観した雰囲気があった。背番号が00から10へとかわった02年春には、守備中に味方野手と激突して左ヒジ完全脱臼の重傷を負うも、この年課題の打撃で自己最多の8本塁打をマーク。05年には二塁レギュラーとして１３０試合に出場した。移籍組ながらも選手会長を務め、一時は人気女子アナウンサーと結婚していたことも話題に。通算８１７試合で３７６安打、25本塁打とタイトルとは無縁だったが、09年まで結果的にプロテストを受けた2球団の日本ハムとヤクルトで計15年間プレー。引退後も両球団で指導者として活躍している。

人との出会いや移籍のタイミングがどこかで、少しでもズレていたら、その野球人生はまったく違うものになっていただろう。城石は自著『世界一のベンチで起きたこと』（ワニブックス）の中で、大学を中退してふらふらしていた19歳のある日、一冊の本と出会ったことを明かしている。『栗山英樹29歳　夢を追いかけて』（池田書店）である。メニエール病と闘いながら現役を続けた栗山の生き方に触れ、城石は野球から逃げている自分と向き合った。そして、やがて「もう一度野球をやろう」という結論に達するのだ。

だが、男の運命なんて一寸先はどうなるか分からない――。

その約30年後、日本中を熱狂の渦に巻き込んだ２０２３ＷＢＣで、侍ジャパンの栗山監督を支えた参謀のひとりが、日本代表の内野守備・走塁兼作戦コーチを務めた、49歳の城石憲之であった。

5.「代打逆転サヨナラ満塁優勝決定弾」までの軌跡
——北川博敏（1994〜2012、阪神〜近鉄〜オリックス）

〝田淵二世〟がぶつかった壁

たった1本のホームランで、人生が劇的に変わることがある。

近鉄時代の北川博敏《ひろとし》もそうだった。2001（平成13）年9月26日に放った「代打逆転サヨナラ満塁優勝決定弾」で一夜にして運命を変えたのだ。当時29歳、球史にその名を刻んだ彼もまたトレードにより、崖っぷちから甦った選手のひとりである。

大宮東高時代は右ヒジに不安があり本職は内野手だったが、高校3年の夏にチーム事情で捕手をやり、背番号5を着けたまま甲子園にも出場した。日大に進学すると、東都リーグで首位打者を獲得。日米大学野球のメンバーにも選出され、94年ドラフト2位で阪神タイガースに入団する。阪神にやって来た大卒で強打の右打ち捕手、それだけで在阪マスコミは〝田淵二世〟と盛り上がった。1年目のジュニアオールスターには全ウエスタンの四番として出場すると逆転タイムリーを放ち、MVPを獲得。「週刊ベースボール」95年8月21・28日号の「ジュニアオールスターMVP男を直撃‼」インタビューでは、「3年前にイチロー選手がMVPを取ったときにたまたまテレビでその試合を見ていて、すごく格好いいな〜って思って、印象に残っていたんです」と喜びを語る一方で、自チームの二軍戦では捕手より一塁を守ることが多かったことについて、悔しさを露にした。

「前半戦は悔しい思いをしましたね。捕手として入団したのに、いきなりコンバートというのもイヤじゃないですか。それに、捕手としてやれるところまでは精一杯やってみたい、という思いがありましたから」

いつも笑顔の若トラは一軍に呼ばれるとベンチ前で吉田浩、高波文一《ふみかず》らと元気にヤジを飛ばし、藤田平監督からは謎の「カナリア・ブラザーズ」なんて名付けられた。2年目の96年ジュニアオールスターでも2安打を放ち優秀選手賞を獲得。その賞金で甲子園のスタンドに夏休みの親子ペア50組を招待するファンサービスにも積極的に取り組む、誰もが認める気のいいナイスガイ。だが、当時の阪神では山田勝彦と関川浩一が正捕手を争い、85年V戦士のベテラン木戸克彦も健在でなかなかチャンスが巡ってこない。捕手だけでなく野手でも起用されるも結果を残すことはできなかった。

前年オフに結婚した5年目の99年シーズンは、15試合で先発マスクをかぶるが、野村克也監督からは捕手として評価されず次第に出場機会を失っていく。97年オフには中日から矢野輝弘が移籍して、その2年後のオフに監督の息子カツノリもヤクルトからやってきた。2000年は一軍でわずか10試合の出場に終わり、セールスポイントの打撃でも1本のヒットすら打てず打率・000。逆指名で入ったアマ球界屈指の打てる捕手のはずが、6年目シーズンを終えても一軍での本塁打数は〝0〟だった。28歳、そろそろクビを覚悟してもおかしくない立場である。

敵将からのラブコール

いつの時代も、二軍生活が長い中堅選手の扱いは難しい。プロで数年やれば自分の力がなんとなく分かってくるからだ。つまり、先が見えてくる。やがて一軍に上がることが目標ではなく、プロ野球選手でいることが目的になる。現状維持で1000万円を超える年俸と今の立場を失いたくないと願うのだ。そういう選手は、若手選手の成長に悪影響を及ぼし、やがてチームを腐らす。だから、球団も20代後半をひとつの区切りとするわけだ。

だが、北川はその手の中堅選手とは真逆だった。投げやりな態度は一切見せず、二軍戦でも決して腐らなかった。笑顔で声をからしてチームを盛り上げ、勝てば喜び、他の選手が結果を示せば嬉しそうに激励した。そんな楽しそうにプレーする北川に「ヘラヘラするな」と苦言を呈す先輩もいた。だが、男の運命なんて一寸先はどうなるか分からない――。

ウエスタン・リーグで相手ベンチの監督が北川を見て、「他人のことを喜べるタイプ。こういうヤツがチームにいたら」とその明るい性格と野球に対する姿勢に惚れ込んだのだ。当時、近鉄二軍監督を務めていた梨田昌孝である。梨田は2000年から近鉄一軍の指揮を執ることになり、さっそく球団にこう掛け合う。「阪神の北川をトレードで獲得してください」と。戦力としてはもちろん、それ以外のプラスアルファをチームにもたらすことのできる選手だからだ。

そうして00年オフに湯舟敏郎《としろう》、山﨑一玄《かずはる》とともに、酒井弘樹、面出《めんで》哲志《てつじ》、平下晃司との3対3のトレードで近鉄へ移籍するわけだ。自分をまったく評価してくれなかった上司から、誰よりも自分を必要としているボスのもとへ。プロ野球選手の成功に必要なのは、才能と訓練と出会いである。01年開幕直後、打撃不振に悩む北川に梨田は直接電話をかけて励まし、パ・リーグの野球に慣れるのを辛抱強く待った。

すると次第に結果がついてくる。4月28日のダイエー戦で7年目のプロ初アーチをかっ飛ばすと、5月27日のオリックス戦ではプロ初のサヨナラ安打を放ち29歳の誕生日を自ら祝い、お立ち台では「サヨナラなんて生まれて初めて。やっと〝いてまえ打線〟の仲間になれました。29年生きてきて、最高の誕生日です」と涙で声を震わせた。

6月9日の日本ハム戦でも立て続けに二度目のサヨナラ打。笑顔のラッキーボーイのヘルメットには誇らしげに貼られた「サヨナラ男」のシール。この年の近鉄は〝いてまえ打線〟が爆発して、前年最下位から西武やダイエーとのV争いを繰り広げていた。1年前にクビ寸前だった男は、優勝祈願で好きな酒も断ち、新天地で〝無類の勝負強さを持つ男〟に生まれ変わったのだ。

代打逆転サヨナラ満塁優勝決定弾

そして、01年9月26日、大阪ドームであの一撃を放つ。

勝てば12年ぶりVが決まるマジック1で迎えたオリックスとの一戦は、2対5と3点リードされた敗色濃厚の9回裏、球史に残るドラマが起きる。あれよあれよという間に無死満塁のチャンスがお膳立てされ、梨田監督はベンチで準備をするひとりの選手と目が合った。その瞬間、いつも笑っているような顔の北川が目を輝かせ下唇をなめたという。選ばれし者の恍惚と不安、二つ我にあり。梨田は自著『近鉄バファローズ　猛牛伝説の深層』（ベースボール・マガジン社）の中でこう書く。

北川博敏（時事通信社）

「信じた監督がいて、いつかは必ずと精進してきた選手がいる。長い1年というシーズンで、たった一度でもいい。思いと思いがぶつかりスパークする場面が訪れるに違いない。それが最後にやってきた。／『代打、北川！』はまさに『その時』だったのである」

時は来た。打席に向かう背番号46に指揮官は、「絶対に当てにいくな！　追い込まれたら三振でいいぞ！」とだけ伝えた。失敗を恐れず、思いっきり振ってこい。マウンド上の大久保勝信《まさのぶ》が投じたカウント1ボール2ストライクからの4球目、スライダーを一閃。少し体は泳いだが、打った瞬間にそれと分かる会心の当たりは、4万8000人の大歓声を切り裂き、左中間スタンドへ突き刺さった——。代打逆転サヨナラ満塁優勝決定弾。01年9月26日21時38分、阪神のファームでくすぶっていた男は、近鉄で救世主になった。

この年、北川は81試合で打率・270、6本塁打、35打点とあらゆる打撃部門で自己最高を更新。代打の切り札だけでなく、ときにマスクをかぶり、一塁も守った。内野手に専念した04年には打率・303、20本塁打、88打点を記録。球団の吸収合併により05年からオリックスへ移籍すると、40歳の12年まで現役生活を続ける。通算102本塁打はすべて近鉄移籍後に放ったものだ。

なお、「週刊ベースボールONLINE」の「読者が選ぶ平成の名シーン」アンケートで侍ジャパンのWBC連覇を抑え1位に輝いたのは、あの一発だった。球史に燦然と輝く、代打逆転サヨナラ満塁優勝決定弾。とどのつまり、それは北川博敏の野球人生逆転ホームランでもあったのである。

6.「勝負弱い虎のエース」が「奪三振マシーン」に
——野田浩司（1987～2000、阪神～オリックス）

廃部からドラフト1位で阪神へ

決して能力を評価されていないわけではない。だが、能力があるからこそ、組織から便利屋のように使われてしまう。

かつて、野田浩司もそういう若手投手だった。熊本の多良木《たらぎ》高時代は〝九州の三羽ガラス〟と称される右腕で、11球団のスカウトが挨拶に。特に巨人のスカウトが熱心で、「1パーセントでもプロに行きたい気持ちがあるなら指名する」と最後まで粘ったという。仮にこのときプロ入りしていたら、のちの藤田巨人で斎藤雅樹、桑田真澄、槙原寛己《ひろみ》らと〝四本柱〟を形成していたかもしれない。しかし、本人にその意志はまったくなく、楽しく野球ができそうだからとバス会社の九州産交へ。通算22勝をあげるも、2年目に事件が起きる。突然、会社都合により野球部の休部が発表されたのだ。

日産九州に移りプレーすることになり、背番号や入社日も決まるが、プロ側は日本選手権の予選で3試合連続の完投勝利をあげた19歳の煌めく才能を諦めなかった。ドラフト会議の2週間前にヤクルトのスカウトがコミッショナー事務局に確認したところ、通常は高卒3年が経たなければドラフト指名を受けられないが、〝休部〟ではなく〝廃部〟ならば、特例で2年目でも即プロ入り可能とみなされたのである。ならばと会社側も休部から廃部に変更して後押し。こうして、野田は1987（昭和62）年秋のドラフト会議で阪神から1位指名を受けるわけだ。

その年、最下位に沈んだチームは世代交代の真っ只中で、なにより即戦力投手を欲していた。当然、背番号1のドラ1右腕は、1年目の88年シーズンから投げまくった。42試合（内先発17）登板で規定投球回に達し、3勝13敗、防御率3・98と大きく負け越すも、2年目の秋季キャンプでドジャース傘下の投手コーチからフォークの指導を受けるとコツを摑み、翌90年には先発に抑えに11勝12敗5セーブを記録。ヤクルトの野村克也監督はフォークボールのあまりの落差と変化に「あれはお化けやで」と驚き、元大リーガーのマット・キーオは完投目前でマウンドを降り、「完投？　ウチにはリーグ1のストッパーがいるから、彼に任せればいい」と野田の潜在能力を高く評価した。

背番号18を託された91年には初の開幕投手を務め、8勝14敗1セーブと負け越すも、チーム最多の212・2回を投げた。「先発して、1日たったら2日続けてベンチ入り。で、リリーフで投げて1日たったらまた先発」なんて本人も自虐的に口にするフル回転ぶりで、最下位に沈んだ阪神投手陣で奮闘する。ただ、首脳陣はときに制球を乱し負けが先行する野田は〝勝負弱い〟という先入観があり、起用法は場当たり的なものが多かった。一方で投手コーチとぶつかり一軍昇格を拒んだり、野田の精神面もまだ未熟だったのも確かだ。

92年は、キャンプで故障した左足の小指をかばって投げるうちに肩やヒジも痛め、5月15日に登録抹消。40日以上たった6月29日にようやく戦列復帰すると、7月8日大洋戦の復帰初先発を完封勝利で飾り、同31日の大洋戦まで3完封含む4連続完投勝利。チームの月間3完封は73年の江夏豊以来という活躍で月間MVPに輝いた。

「格差トレード」でオリックスへ

野田が8勝9敗1セーブ、防御率2・98と存在感を見せた92年の阪神は久々にV争いを繰り広げ、終盤に力尽きたものの首位ヤクルトとは2ゲーム差の2位タイ(巨人と同率）。皮肉にも7年ぶりの優勝まであと一歩と迫ったことで、オフに本気で大型補強に打って出るのだ。

チーム防御率2・90は12球団トップ、あとは打線強化が課題だった。ドラフトで、あの松井秀喜を1位指名するも抽選で宿敵の巨人にさらわれた。幼少時から虎党で星稜高では三塁手の松井を逃し、阪神が次にターゲットにしたのが打率3割を七度（81年は規定打席未到達）の実績を誇るオリックスの松永浩美というわけだ。このとき、阪神が松井の交渉権を獲得していたら、その後の球史や野田の運命は大きく変わっていただろう。

当時32歳の松永の92年成績は打率・298、3本塁打、39打点。土井正三監督との折り合いが悪く、大洋への放出や巨人の槙原とのトレード案がスポーツ紙を賑わせた。イニングを食える先発を探すオリックス側は左腕の仲田幸司を欲しがったが、さすがにこの年14勝をあげた勝ち頭は出せない。だが、右の野田なら他の若手投手が育ってきているし出せないことはない。

12月22日、野田は球団からホテル竹園芦屋に呼び出され、トレード通告をされるのである。「トレードに出すのもつらいけど、チーム事情でどうしても松永が欲しいから……。本当に申し訳ない」と詫びる三好一彦球団社長。言われた瞬間は、「そんなもん絶対出らんわ」なんて思った野田も、辞めるか行くかだったら、行くを取るしかないと現実を受け入れた。こうして、32歳三塁手と24歳右腕の交換トレードが成立するわけだ。

球界を代表するスイッチヒッターに対して、阪神の5年間で通算35勝52敗9セーブの若手投手。当初は「釣り合わない格差トレード」「1万円札と千円札の交換」と松永に対する評価と注目度がはるかに上回った。だが、男の運命なんて一寸先はどうなるか分からない――。

気持ちを切り替えるため、野田は買ったばかりの西宮の家から、すぐグリーンスタジアム神戸の近くへ引っ越した。いつまでも、なんで自分が……なんてネガティブに考えていてもはじまらない。93年2月で25歳の誕生日を迎え、投手としてこれからピークを迎える年齢だ。3年ほど前から練習していたスライダーも試合で使えるレベルになり、フォームも安定してきた。当時のパ・リーグは力対力の概念が強く、振り回してくるバッターが多いことも背番号21にとって追い風となる。

球界を代表する「奪三振マシーン」

新天地で、野田は奪三振マシーンとして覚醒するのである。序盤に3本塁打を浴びながら、152球の粘投で移籍後初勝利を完投で飾った93年4月21日の近鉄戦で15奪三振、7月4日の近鉄戦でも16奪三振の2失点完投勝利。1シーズンで二度の15K超え（延長戦を除く）は、プロ野球史上初の快挙だった。

交流戦もまだない時代、ストレートと同じ腕の振りで投げる野田のフォークボールにパの打者たちは戸惑う。相手の裏をかくスライダーでも面白いように空振りが取れた。5年間の阪神時代に四度しかなかった1試合二ケタ奪三振を93年だけで九度も記録。「このトレードが失敗だったと言われたくない」という思いも力にかえ、登板日の当日には愛妻手作りの特製バナナジュースを欠かさず飲んだ。バナナに牛乳、卵黄、ハチミツ、レモン汁をミキサーにかけて……なんて愛情一本極秘レシピがリポートされるくらい時の人となった野田は、絶好調の理由を「週刊ベースボール」93年7月26日号のインタビューでこう語る。

「先発、中継ぎ、抑えと〝何でも屋〟だった昨年は、投げない時もベンチにいましたが、今年はきっちり中5日から6日、あけて使ってもらっているので、調整がやりやすいですね。その分、責任は重くなりますけど、それが好結果につながっているんじゃないでしょうか」

首脳陣の使い方によって、選手の運命は大きく変わる。移籍1年目を17勝5敗、防御率2・56。225回を投げて209奪三振。あらゆる部門でキャリアハイを大きく更新すると、〝ドクターK〟こと野茂英雄と最多勝を分け合った。8月の月間MVPやゴールデン・グラブ賞も受賞し、〝虎の便利屋〟は〝オリックスのエース〟へ見事な逆転野球人生を実現させたのである。

野田浩司（時事通信社）

トレード相手の松永がわずか1シーズンでFA権を行使して阪神を去ったことについて聞かれても苦笑いするしかなく、「松永さんに負けたくないというより、オリックスの期待に応えたいという一心だった」と喧噪の1年を振り返った。阪神時代は些細なことでマスコミに追いかけられたが、オリックスののんびりしたチームカラーも心地良かった。ちなみにセ・リーグでほとんど経験のなかったデーゲームでは7勝1敗、防御率2・56と無類の強さを発揮。いわば、パ・リーグの水と新しい職場の環境が野田には合った。社会人時代は基本給10万円そこそこのサラリーマンだった男が、93年オフの契約更改で球団史上最高の4500万円アップを勝ち取り、年俸8600万円と一流投手の仲間入りを果たす。

移籍2年目、94年8月12日の近鉄戦では初回から三振の山を築き、1試合17奪三振の日本タイ記録の完投勝利で、13連勝中の〝いてまえ打線〟を止めた。なお、同年には鈴木一朗から登録名を変えたイチローがブレイク。イチローのヒットと野田の奪三振が仰木オリックスの代名詞となっていく。

95年4月21日のロッテ戦ではプロ野球新記録の19奪三振を樹立。風速8メートルのマリンスタジアムの強風も味方して、野田のフォークはまるで漫画の魔球のようだったという。9回に19個目の三振を喫した平野謙は、のちに「週刊ベースボール」の取材に「止まって真下に落ちたり、逆にどういう具合かは知らないけど、浮かび上がるような球になったりしました」と当時の衝撃を明かしている。

野田は93年から3年連続二ケタ勝利に200奪三振。95年には「がんばろうKOBE」のリーグ優勝にも大きく貢献する。仰木監督の胴上げの際、野田はプロに入って初めてうれし涙を流した。97年オフにはＦＡでの古巣阪神復帰も噂されたが、オリックスと3年契約で残留。だが、１６００イニング以上投げてきた鉄腕も98年には右ヒジ手術を経験し、32歳の２０００年限りで現役を引退した。

00年10月13日、グリーンスタジアム神戸。メジャー挑戦を表明したイチローの国内ラストゲームで、背番号21もオリックスのユニフォームに別れを告げる。最後の一球。野田が引退セレモニーの始球式で投じたのは、己の野球人生を切り開いた、フォークボールだった。

7．数合わせの男がブルペンの救世主に
——橋本武広（1989〜2003、ダイエー〜西武〜阪神〜ロッテ）

根本陸夫に見初められて

「何でそんな悲しい顔をして投げるの？」

ダイエー時代の橋本武広《たけひろ》は、テレビを見た母親からそう言われたことがあったという。

プロ入り後しばらく、哀しみのサウスポー橋本は苦悩の日々を送っていたのだ。

アマチュアでの経歴は華々しいものだった。七戸高時代は、青森大会で15奪三振のノーヒットノーランや延長18回で26奪三振を奪う〝東北の三振奪取王〟として名を売り、プリンスホテルでは創部11年目での初優勝の胴上げ投手になった。なお、仕事では1年目にホテルの宴会係を務め、ファンだった阿川泰子のディナーショーを近くで見たり、クロークで大地真央から毛皮を預かったこともあるという。

この1989（平成元）年の60回記念大会の都市対抗野球には、野茂英雄（新日鉄堺）、

トフ潮崎哲也（松下電器）、佐々岡真司（NTT中国）、与田剛《つよし》（NTT東京）らのちにドラフト1位でプロ入りする好投手たちが集結。錚々たるメンツの中で、橋本は勝負どころのリリーフで4試合に投げ、15回3分の1を無失点と堂々たる成績で優勝の原動力となり、89年のドラフト3位でダイエー入りする。1位指名の元木大介（上宮高）の入団拒否でチームが揺れる中、田淵幸一新監督も「橋本って子はいいよ。投げるテンポがいい」と25歳の即戦力左腕として期待を寄せた。

背番号16を与えられた身長167センチの球界イチのチビッ子投手、ドラフト後の年明けに結婚発表とニュースになるも、平和台球場でのオープン戦では巨人の駒田徳広に満塁弾を浴びるなど1年目からプロの壁にぶつかってしまう。閉幕間際にプロ初勝利を挙げるも、20試合で1勝5敗、防御率5・57と社会人時代のライバル野茂や潮崎らに大きく水をあけられる。

オフの契約更改では推定600万円から20万円ダウンの580万円提示に唖然。当時の「週刊ベースボール」では「結局、中止にしました。新婚旅行というムードじゃなかったし」なんて嘆き、楽しみにしていたハネムーンを取りやめたことを告白。「近鉄の石井（浩郎）はプリンスホテルのときから同期。その石井が3倍増の2160万円でしょ。やっぱり悔しいです」と雪辱を誓うが、投壊状態のチーム事情から先発、中継ぎと安定しないベンチの起用法に振り回される不運もあった。

一時は横手投げを試すなど試行錯誤を繰り返すも、91年は1勝、92年は未勝利。20代後半の年齢を考えるといつ整理対象になってもおかしくない立場だ。そんな時にやってきたボスが、根本陸夫新監督だった。

根本は橋本をなんとか再生させようと、開幕一軍から漏れたサウスポーを一軍に帯同させる。監督が見つめる中、連日ブルペンで150球も投げ、その後は日課のフリー打撃登板。1日約300球を投げ込むうちに、橋本は「こんなにほうっても、肩もヒジもなんともない。オレの体は強かったんだ」と苦笑い。現場では冗談めかして〝アイアン・アーム（鉄腕）〟というニックネームがつくほどだったが、のちに橋本のキャリアにおいて、この記録に残らない熱投が大きな意味を持つ。

数合わせトレードで西武へ

93年シーズンは20登板で勝ち負けはつかなかったが、防御率3・27と前年の5・73から飛躍的に向上させている。ようやくフォームが固まり、投げる体力もついた。30歳を迎える来季こそ勝負の1年……そう思った矢先だった。93年11月16日、〝世紀の大トレード〟が発表されるのである。西武が秋山幸二、渡辺智男《とみお》、内山智之、ダイエーからは佐々木誠、村田勝喜《かつよし》、そして橋本武広が動く3対3の大型トレードである。

「このチームには軸を打つ選手が必要」と寝業師・根本監督が、九州出身のスーパースター秋山獲得のために、28歳の佐々木だけでなく24歳のエース村田という投打の柱を放出。当時の西武・森祇晶監督は、退任後に自身の連載「心に刃をのせて」でその舞台裏を明かしている。左打者で闘争心のある選手と将来的に投手陣の軸になれる先発を欲しがった西武と、勝てるチームの土台になれる全国区のスター選手が必要だったダイエーの利害が一致したのだと。

「結局、秋山、渡辺智、内山対佐々木、村田のトレードが成立しそうになったが、3対2ではバランスが悪いということで橋本武広をもらうことになった」

なんと、橋本は数合わせに近い扱いだったのだ。ダイエー4年間で2勝9敗1セーブ、防御率4・89の29歳左腕。プリンスホテル初Vの西武グループ功労者の恩情移籍と見る向きすらあった。だが、男の運命なんて一寸先はどうなるか分からない――。

トレードにあたり、橋本は新人の年にプロ初勝利を挙げたときに使用して以来、ここぞという試合で愛用してきた勝負グラブを押し入れにしまった。新天地ではゼロからのスタートという自分なりのけじめのつけ方だった。

当初から大型トレードの〝第三の男〟と報じられた橋本は、常勝チーム西武のプレッシャーに苦しむ村田とは対照的にその裏で徐々に存在感を増していく。リーグ5連覇を狙う強力投手陣の中で、94年前半戦はわずか2試合の登板。しかし、8月になると無失点投球を続け、首脳陣の信頼をつかむのだ。

優勝へのカウントダウンとなった9月の11連勝中の6試合に投げ、計6回3分の2をわずか2安打の好リリーフ。杉下茂投手コーチからは「左打者をどう抑えるかを研究しろ」とだけ言われ、投球フォームは選手個人の意志に任せてくれた。10月7日の古巣ダイエー戦では、2年ぶりのセーブを挙げ、「カウントが不利になっても、自信を持ってスライダーを投げられる」と手応えを口に。22試合で防御率2・86、巨人との日本シリーズでも3試合に投げ、上り調子のまま移籍1年目のシーズンを終えた。

9年間で八度のリーグ優勝という輝かしい戦績を残した森体制が終わり、東尾修《おさむ》新監督が就任した95年、橋本は春季キャンプから「調子がよすぎて怖いくらい」とキレキレの投球を披露し、「0－3とか、1－3とか、カウントを悪くしても、投げる球がいくらでもある。真っすぐだけでなく、スライダーもカーブも。監督からはそろそろ打たれろ、っていわれている」と絶好調宣言。シーズン中は、帰宅したら夫人が録画してくれたビデオをその日のうちに見てチェック。西武首脳陣は先発がへばる夏場に備えて、中継ぎ陣にはシーズン序盤、徹底的に走り込ませたという。そうしたら、本当にペナント中盤に出番が激増して、先を見据えた練習の重要性が身に沁みた。

橋本武広（時事通信社）

獅子奮迅の投げっぷり

「打たれてもせいぜい3割。西武に来てから、そういう風に思えるようになった。ダイエーのころは抑えてやろうという気持ちがはやっていた」

30歳を過ぎて、考え方にもゆとりが生まれ、落ち着いてマウンドへ。西武黄金期のリリーフ陣〝サンフレッチェ〟にも勤続疲労が忍び寄っていたが、橋本が獅子奮迅の投げっぷりでそれをカバーした。

95年、チーム最多の58試合に投げ、3勝1敗1セーブ、防御率1・94という大躍進を遂げる。翌年以降も「2、3日投げないと逆におかしくなる。そういう体になっている」と頼もしい台詞を口にする背番号34は、ブルペンの救世主に。97年にはキャリアハイの68登板で最多ホールドのタイトル獲得。98年のリーグ優勝時には胴上げ投手にもなった。

「週刊ベースボール」のオーロラビジョン「最多登板投手の喜びと悲しみと」特集では、「自分の仕事をはっきり与えられたのがよかった」と首脳陣の起用法に感謝を口にすると同時に、プロ入り間もない頃のダイエー時代の先発経験も生きていると明かす。

「状況を考えて〝ここは安打ならまだ大丈夫。次の打者を絶対に抑えれば〟と余裕を持って投げられるようになったね。これは先発の考え方なんだけど、中継ぎにも必要な場面もある。若い選手ならガンガンいけというのもあるけど、それだけじゃプロじゃ食っていけない」

確かに昔は結果が出なかった。でも、それは決して〝失敗〟ではなかったのだ。あの頃、20万円の減俸に泣いた年俸も1億円に手が届くところまできた。95年から7年連続

50試合以上に投げ、そのうち4シーズンで60登板を超えた〝アイアン・アーム〟は、2001年に当時のプロ野球レコードの439試合連続救援登板を記録。晩年は阪神、ロッテと渡り歩き、03年限りで現役引退するときには、39歳になっていた。

なお〝世紀の大トレード〟で移籍した6名の選手のうち、一番最後まで現役を続けたのは、数合わせの〝第三の男〟といわれた橋本武広だった。まさに移籍をきっかけに掴んだ、究極の逆転野球人生である。

8．19歳でのトレードからの大逆転
——西山秀二（1985〜2005、南海〜広島〜巨人）

「ボクはカメ。桑田はウサギ」

アントニオ猪木に憧れたその野球少年の夢は、プロレスラーになることだった。

彼は毎日のヒンズースクワットや腕立て伏せに燃え、中学卒業と同時に新日本プロレスに入門したかったたが、親に説得されて高校進学へ。ちなみに、もしレスラーになっていたら、1967（昭和42）年生まれで身長174センチ、体重86キロのがっしりした体格は、鬼軍曹・山本小鉄に気に入られ、のちにジュニアヘビー級の獣神サンダー・ライガーのライバルとして名勝負を繰り広げていたかもしれない。そんな猪木に死にたいくらいに憧れた少年の名は、西山秀二である。中学時代はあの桑田真澄と最強バッテリーを組んだ強打のキャッチャーだ。

だが、高校進学を巡り、大人の世界の駆け引きに巻き込まれた形になった少年たちは

それぞれの人生を生きる。桑田はＰＬ学園高へ進むと1年夏に甲子園でいきなり全国制覇、やがて巨人でエースナンバーを背負う。西山も上宮高で野球を続け、85年のドラフト4位で南海ホークスへ入団する。86年選手名鑑のルーキー西山の好きな女性のタイプは「薬師丸ひろ子」、趣味の欄はもちろん「プロレス」だ。足が速く二軍戦では遊撃手としても起用されるが、プライベートでは豪快に遊んで度々トラブルを起こす、昭和のやんちゃな若手選手でもあった。

そして、87年6月15日、南海の西山にプラス金銭と、広島の内野手・森脇浩司《ひろし》、永田利則《としのり》の交換トレードが成立する。入団2年目の6月に19歳の捕手がトレードに出されるという異例の移籍劇だったが、広島や巨人がショートもできる西山に目をつけていた。

新天地のカープ1年目、秋の米教育リーグに飛び立つ前、「週刊ベースボール」の取材に西山が「こんなことをいえば失礼かもしれないけれども、南海にいたら、まずアメリカ行きなど考えられなかったと思います」とちゃっかり本音をポロリ。しかし、のちにYouTubeの『片岡篤史《あつし》チャンネル』に出演した際に、渡米の前夜に遊びに行ったら酔い潰れて、空港へ向かう新幹線に遅刻してしまったことを明かしている。当然、球団のお偉いさんを激怒させてしまい、アメリカに到着すると、コーチからは反省の丸刈りを命じられたという。

この頃、記者からはよく、19歳で沢村賞を獲得した巨人の同級生右腕のことを聞かれたが、「ボクはカメ。桑田はウサギ。そのうち、対戦する日がやってくると思います」と口にするしかなかった。高校進学で袂を分かち、疎遠になった桑田は自分の遥か先を行っている。だが、先を行っていても、上を行っているわけではない。同じプロの世界で飯を食っている。

プロ9年目で初のベストナイン

5年目の90年4月17日、中日戦で放ったセンターオーバーのタイムリー二塁打がプロ初安打初打点だった。当時の広島は、正捕手の達川光男が30代半ばに差し掛かり後継者の育成が急務。90年ドラフト会議で瀬戸輝信（法大）を1位指名したが、西山は丸顔から〝アンパンマン〟の愛称で親しまれ、辛口の大下剛《つよし》史ヘッドコーチも「実戦向きの選手だ」とポスト達川に期待を寄せた。合宿所を出た91年にはプロ初アーチも記録。この年の西武との日本シリーズ第5戦には「六番三塁」で先発出場して、ヒットを放っている。

グラウンドでもプライベートでも着実に結果を残し、92年オフには電撃結婚。新婦が空手をたしなんでいたことから、披露宴で山本浩二監督は「悪い時はキックなり、手を出すなりしてくださって結構。キャンプが終わってまだ10日程度なのに、もう顔がふっくら。こんな具合じゃ困ります。どんどんシッタしてください」なんて現代なら色々な意味でアウトなスピーチを披露した。

達川の引退で自身初の100試合超えを果たす93年には、盗塁阻止率・462を記録。背番号32はレギュラーの座を掴むと、94年には126試合で初の規定打席にも到達して、打率・284でベストナインに選出される。この94年シーズンのセ・リーグMVPは長嶋巨人の優勝の立役者、桑田が獲得するが、ゴールデン・グラブ賞の表彰式でその桑田の隣に座るのは、西山だった。捕手部

西山秀二（時事通信社）

門で初受賞して、プロ9年目で下積み時代の目標の存在、かつての盟友と肩を並べたわけだ。

だが、年俸5500万円に昇給した翌95年。ライバルの瀬戸が春季キャンプで自信を喪失して実家に帰るアクシデントがあり、球団幹部は「競争のなかでいいものを出してきた西山が、ふっと楽になって気持ちが緩んでしまうのを恐れているんだ」と心配したが、その言葉通り開幕から打率1割台に低迷する。

逆襲を誓った西山は、翌春のキャンプで1日も欠かさず早出練習を続け、毎日ひたすらバットを振った。「打てば、すべてはうまくいく。復活のカギは打撃」の宣言通りに、96年は打率・314で恐怖の八番打者と恐れられた。

「週刊ベースボール」96年9月16日号では先輩の野球評論家・達川と新旧赤ヘル捕手対談をしている。ある試合でランナーを刺せなかったことをきっかけに自チームが負け、ベンチに帰り三村敏之監督と目が合うと「スイマセン」と謝った。すると、次の日に即スタメン落ち。三村は「あんなところでスイマセンというぐらいだから弱気になっとる。そんなこと言わんでいい。精一杯やっとるのはみんな分かっとるんだから」と外した理由を告げた。それ以降、西山は開き直ってプレーできるようになったという。リードでミスしようが、どうしようが、精一杯やってるんだから知らん顔してやればいい。もうベンチと野球するのはやめだ。29歳の絶頂期、ペナントは巨人に逆転Vのメイクドラマを許すも、西山は二度目のベストナインとゴールデン・グラブ賞に輝いた。

かつての盟友と巨人で再会

しかし、30代を迎えると、ファイターの西山は左手首の骨折や右ヒザ外側の靭帯損傷など度重なる故障に悩まされる。２００１年の１２０試合から徐々に出番を減らし、04年には22試合の出場に終わり、球団からはコーチの誘いをもらった。それでも、現役にこだわり、自由契約となって同リーグの巨人へ移籍する。

すでに37歳になっていた。だが、男の運命なんて一寸先はどうなるか分からない――。そこで、ひとりの投手と再会を果たすのだ。桑田真澄である。すでに往年の球威やコントロールはなく、05年は0勝7敗、防御率7・25という無惨な成績に終わった背番号18。4月17日のヤクルト戦では、西山は移籍後初スタメンで盟友とバッテリーを組んだが、桑田は3回を持たずKOされてしまう。いつの間にか俺らも、若いつもりが歳をとった。その年限りで現役生活に別れを告げる西山は、『不惑　桑田・清原と戦った男たち』（矢崎良一、ぴあ）の中で、久しぶりに組んだ同級生バッテリーについて、こんな言葉を残している。

「中学で一緒に全国優勝して、いろんなことがあって、でも最後に自分がもう長くねえなあというときに、縁あって同じチームになって……いつかまた組めたらいいなあと思っていたけど、本当にそうなるとは思わんかったから。だって桑田ももうだいぶヨタってたし、キャッチャーは阿部（慎之助）がいるんだから。／できれば勝ちたかったけどね。試合は勝ったけど、コテンパンに打たれちゃって」

終わってみれば、19歳の若さで異例のトレードに出された男は、20年間もプロの世界で生き残った。もし、西山があのまま南海でプレーしていたら、運命はどうなっていただろうか？　3年目のオフに南海はダイエーに身売りして福岡へ。94年のドラフト会議で王貞治新監督は、高校生ナンバーワン捕手の城島健司《けんじ》を1位指名した。恐らく、のちにメジャーリーガーとなる若き逸材の前に西山の野球人生もまったく違った形になっていただろう。なお、あの平成最高捕手の古田敦也が君臨した90年代のセ・リーグで、古田以外に複数回のベストナインとゴールデン・グラブ賞を受賞した捕手は、西山秀二ただひとりである。

第三章　古巣へのリベンジ

会社には感謝している。同時に不満や怒りもある。自分の属する組織に対して、そんな複雑な気持ちを抱いている人は多いだろう。

結果を残して、あれだけチームに貢献したのに、この仕打ちか。俺の仕事に対する評価はこんなものだったのか……。

プロ野球選手もトレードを告げられた瞬間、驚きの後にたいてい悔しさと寂しさが襲ってくるという。あんたら本当に俺を出すのか、と。そこで心折れるのか、それとも自分を見限った球団に対して、「今に見てろよ」と怒りを力に変えるのか——。

この章は、心のずっと奥の方で、怒りの炎を燃やし続けた戦士たちの華麗なる復讐の物語である。

1.「悲劇のヒーロー」の球史に残る大リベンジ
――小林繁（1972～83、巨人～阪神）

大丸百貨店から巨人へ

オレは今、絶頂にある。あとは落ちていくしかない――。

日本中の注目を集めた記者会見で、無数のフラッシュを浴びながら、男はそう覚悟した。球団との12時間以上の交渉後で疲れ切っていたが、毅然とした態度で質問に答え続けたのは、当時26歳の小林繁である。彼はあの〝空白の1日〟事件で、江川卓《すぐる》の身代わりとなり、阪神へ移籍した。一夜にして、世間から同情される「悲劇のヒーロー」になってしまったのだ。

身長178センチ、体重62キロ（入団時は58キロだったという）の痩身のサイド右腕は、V9時代真っ只中のエリート集団・巨人軍に、1971（昭和46）年ドラフト6位で指名された非エリートの選手である。

由良《ゆら》育英高校ではボール判定に納得がいかず、球審を睨みつける高校生らしからぬ太々《ふてぶて》しい一面を持ち、関西大学のセレクションに落ちると、大丸百貨店に就職して、神戸店の呉服売り場に立つ変わり種だった。

毎日2時間ほど働き、全大丸野球チームの練習に参加する。呉服に興味などなかったが、髪を伸ばせる自由な職場の雰囲気は居心地が良く、社内でも評判の美人姉妹の妹が紳士服売り場にいると聞けば、同期を頼ってアプローチする。そのふたつ上の女性店員とは、プロ入り後に結婚することになるが、社員旅行で和歌山の白浜温泉へ出掛けた際、小林が歌った石原裕次郎の『夜霧よ今夜も有難う』が彼女のハートを射抜いたのである。

「男として中途半端な生活をするより、サラリーマンに徹するか、プロとして賭けてみるか、道はひとつしかないんじゃない」（「週刊現代」76年6月3日号）

そんな年上彼女のエールにも背中を押され、72年夏に全大丸を都市対抗野球に導き、会社に恩返ししたのち、小林は父親が大のファンだった巨人入りを決断する（当時は一旦拒否するも、1年以内にプロ入りする選手も多数いた）。その端正なマスクで〝巨人の森進一〟と話題になり、女性人気が抜群に高い選手でもあった。

痩身エースの細腕繁盛記

元デパートの店員らしくファッションにはこだわり、宴会があるとジャージではなく、アイビースタイルのブレザーで出掛ける小洒落た一匹狼。だが、当然そんな小林を面白く思わない先輩選手も出てくる。寮生活で嫉妬まじりに露骨に無視をされたり、遠征中のバスの中で殴り合いのケンカをして右目の上を縫う怪我を負ったりしたこともあった。その負けん気の強い性格はプロ向きで、二軍の北海道遠征で連投を重ねて、投球の幅が広がり1年目からイースタン・リーグ優勝の胴上げ投手に。それでも、こんなところからは早く抜け出してやると一軍に上がることしか頭になかった。

すると、その直後、V9最後のシーズンの73年終盤に一軍デビューを果たすのだ。当初は客席から、無名の痩せっぽちのルーキーに対して辛辣なヤジも飛んだが、「お客さんが多ければ多いほど投げがいがある」というハタチの強心臓ぶりを川上哲治《てつはる》監督も高く評価した。10球もウォーム・アップすればすぐ投げられる肩と、マウンド度胸はチーム1、2位を争うと言われる肝っ玉を併せ持つ小林は、リリーフで起用され、10月の阪神との天王山でも堂々たる投球を見せるのだ。

巨人9連覇のラストイヤーに貢献した小林は、74年に早くも背番号40から19へと変更になり、4月にはプロ初勝利。「週刊ベースボール」74年5月13日号では、「たった62kgで大巨人軍の屋台骨支えるファイヤーマン小林の驚異」という記事でこう紹介されている。

「投げるとき一度足を胸の前で止める変則的投法で、ポンポンと投げ込むピッチングは、馴れてくるとタイミングを合わされやすい危険性はあるが、そこは持ち前の強心臓とシュート、スライダーなど七種類。つまり七色の変化球をあやつって、相手打者を軽くひねってしまう」

胃腸が弱くて牛乳さえ受け付けず、体重はなかなか増えなかったが、その野球選手らしからぬ風貌で投げまくる姿が〝細腕繁盛記〟と人気を呼んだ。王貞治の一本足打法を参考に改良を加えた投球フォームで、先発に抑えにフル回転して、プロ2年目で規定投球回にも到達。44試合8勝5敗2セーブ、防御率2・42という好成績を残し、多摩川の練習後には若い女性ファンがプレゼントを手に列を作る。その年限りで現役引退して監督に就任する長嶋茂雄も「まるで一昔前のグループサウンズみたいですね」と驚きながらも、「小林らの出現で新しいファン層が開拓される」と喜んだ。

巨人の主力投手として定着しながらも、小林はどこか危うさも持ち合わせた選手だった。3年目の75年には練習中に罰走を命じた投手コーチが先に帰ってしまい、雨の中で数時間にわたり必死に走り続けた小林は激怒し、ユニフォームを泥水に叩きつけ「もうやめてやる!」とプロゴルファーへの転身に向けて動き出すのだ。先輩たちに引き留められ、最終的にはコーチに頭を下げて戻ったが、小林は本気で野球を辞める気だった。

そんな痩身に燃えるような激情を秘めた男は、ある先輩選手からの「コバ、一度でも死ぬ気になって野球に取り組んだことがあるか? オレは、お前を見ていて、そうは見えない。野球をやめるなんて言葉を吐くのは、死ぬ気になってやった後にしろ!」(『情熱のサイドスロー　小林繁物語』近藤隆夫、竹書房)という叱咤に横っ面を張られたような衝撃を受け、目の色を変えて野球に取り組むようになる。

長嶋監督1年目は球団初の最下位に終わったが、これ以上スーパースターのミスターに恥をかかすわけにはいかない。自分たちが強い伝統の巨人軍を守らなきゃダメだという使命感が背中を突き動かした。小林は76年、77年と2年連続18勝をあげ、長嶋巨人の連覇に貢献。77年には沢村賞にも選ばれた。

マウンド上で自らの帽子を飛ばすそのタフな投げっぷりに、同僚外国人のクライド・ライトは〝ストロング・コバヤシ〟と驚き、チームへの貢献度は同年にホームラン世界新記録を達成した王より上と称賛する声すらあったほどだ。
小林は「週刊ベースボール」の自身の特集で、「ボクは常に自分をハングリーな状態にしておきたい。そうすれば、もっと稼ごうという気になるはずだ。だから、なるべく多くの借金を背負っていたい。何かに追いかけられていた方が、人間、真剣になれるからです」と、小田急線の百合ヶ丘駅前に4LDKの2階建てマイホームを購入した直後にもかかわらず、もう一軒家を建てるプランを明かしている。新人時代に痩せっぽちと笑われたサイド右腕は、プロ5年間で名実ともに堀内恒夫《つねお》のあとを継承する、〝巨人のエース〟の座に登り詰めたのである。

切り札は「野球をやめます」

だが、男の運命なんて一寸先はどうなるか分からない——。まさに投手として全盛期を迎えたその時、あの野球人生を一変させる大事件が起きるわけだ。
79年1月31日午前11時50分、宮崎キャンプに出発するため羽田空港国内線第1出発ロビーに到着した小林は、チームメイトたちに合流しようとしたら、球団関係者に呼び止められる。質問をしても何も答えてもらえず、紺のスーツの袖を引かれ誘導された先には、読売新聞社の社旗をはためかせた黒塗りのハイヤーが停まっていた。全身から血の気が引く思いがしたという、この時の衝撃を、小林は自著でこう振り返っている。

「崖から突き落とされた思いを打ち消そうとするのだが、まぎれもなく今オレは、空港から連れ去られようとしている。／どうしようもない動揺を隠す術もなく、オレは紺野庶務部長に促されるまま、車に乗り込んだ。／突然、思いもかけぬ事件にまき込まれたオレは、頭の中が混乱するばかりで、ただぼうぜんと車の外をながめるしかなかった。／ふと気がつくと、車は高速1号線を走っていた。この間の数十分は、まさにオレにとっての『空白の時間』だ」（『男はいつも淋しいヒーロー』プロメテウス出版社）

前年秋から、日本列島は江川卓の〝空白の1日〟問題で揺れていた。球界には「ドラフト会議で交渉権を得た球団が、その対象選手と交渉できるのは、翌年のドラフト会議の前々日まで」という、いわば会議前日は準備にあてるための事実上の紳士協定が存在したが、巨人はその野球協約の盲点を突き、「ドラフト前日はフリーの身分になるので契約可能」と強硬に主張。78年11月21日、前年にクラウンライターライオンズ（78年秋、西武グループの国土計画〈現・コクド〉が買収して西武ライオンズに）から1位指名を受けながら入団拒否していた、浪人中の江川との電撃契約を発表する。

しかし、セ・リーグ会長の鈴木竜二は契約を認めず、巨人だけがボイコットした78年11月22日のドラフト会議では、1位江川で4球団競合の末に阪神が交渉権を獲得。だが、その後も事態は二転三転し、金子鋭《とし》コミッショナーからの「強い要望」もあり、球団間のトレードでの解決が模索されるわけだが、その交換相手に選ばれたのが、エース格の小林だった。

新聞報道で江川騒動を追いながら、小林はチームメイトと「そんなことが本当にできるのか?」と話し、先輩とのゴルフでは落としどころのトレードで、その相手は「ボクか高田(繁)さんじゃないかな」とすら口にしていた。年末のサンケイスポーツでは「江川譲り小林」の見出しが一面を飾ったが、それでも、いざ自分が指名されたとなると頭がまっ白になった。サラリーマンの飲み会で次に異動させられるのはアイツ、いやオレかもなんて冗談で盛り上がって、実際に飛ばされたのは本当に自分だった……みたいな展開だ。

空港で車に乗せられ、連れて行かれたのはホテルニューオータニの5710号室。そこでひとりで待っていた長谷川実雄《じつお》球団代表から、「なんとか事情をくみ取ってもらいたい」と阪神行きを宣告される。相談ではなく、移籍通告である。もちろん考えさせてほしいと言ってはみたものの、巨人のリーグ脱退・新リーグ設立まで報じられる異常事態を鎮めるために、最後は誰かが行くしかないのは分かっていた。

同日の午後4時、東京・芝の東京グランドホテル「菊の間」では、阪神の小津正次郎社長と江川が並び入団会見が開かれる。阪神・江川誕生も、記者陣からはすかさずトレード前提の茶番劇と糾弾された。

そして、小林の方は午後1時から7時間ほど滞在したホテルの裏口から出て、報道陣の車に追われながら巨人の球団事務所に連れて行かれ、夜8時半から重役たちとの話し合いが始まる。巨人側の正力亨《とおる》オーナーだけでなく、阪神側の小津社長もその場にいたという。小林は相談相手の知人も同席させていたが、納得のいく説明もなく、「もし君が今日のうちに納得してくれなかったら、事態は収拾のつかないことになる」なんて泣き落としをかけてくる、お偉いさんたちが次第に哀れに思えてきた。小林は前述の『男はいつも淋しいヒーロー』の中で、その時の心境をこう振り返る。

「オレには最後の切り札『野球をやめます』の一枚が残っている。相手には、これを防げるカードも、時間も残されていない。どこからどう見ても、オレの勝ちだ」

午後11時を過ぎても巨人球団事務所へのファンからの抗議の電話は鳴り続け、女子職員たちは帰宅できず、２００人以上の報道陣がその場に詰めかけ、騒然としていた。

もうこんな馬鹿げた騒ぎは、オレが終わらせてやる――。小林が「結論から申し上げますと、阪神にお世話になることになりました」と記者会見を開いたのは、日付が変わった79年2月1日午前0時18分のことだった。

「僕に対する世間の感情っていうのは、可哀想とか、そういうふうに取られるとは思うんですけども、あくまでもプロ野球の選手ですので、向こうに行ってからの仕事で判断していただきたい。同情は買いたくないいってことですね」

無数のフラッシュの光の中で、そう毅然と口にする26歳の小林は、ある意味大人だった。入団時にドラフト1位と同等の契約金を要求し、契約更改では毎年のように球団と激しくやり合い、「ボクは1円でも上がるまで諦めませんよ。ボクが野球をやめるか、常務が職を辞するかのどちらかです」と迫ったこともある。トレードの際に巨人側と交渉をした補償金は５０００万円超えという報道もあった。なお、現役引退直後の「週刊ポスト」83年11月25日号で、小林は補償金について聞かれ、笑いながら認めている。

「巨人からは、言われてるように五千万円ももらっていませんが、ちょっともらいましたよ（笑）」

一夜にして「悲劇のヒーロー」に

この79年1月31日は、長い球史においても、語り継がれるミステリアスな1日となった。当事者の証言にそれぞれ食い違いがあり、長谷川球団代表が待つホテルニューオータニの部屋番号から、巨人球団事務所で話し合いに参加したメンツまで微妙にズレがある。門外不出の念書や交渉を録音した極秘テープの存在といった怪情報も飛び交った。

小林本人ですら、騒動の渦中のコメントとのちのインタビューでの発言が大きく変化している。例えば、現役最終年に発売された『男はいつも淋しいヒーロー』では巨人側に不満をぶつけ、手に汗握る交渉をする様子が細部まで描写されているが、一方で引退後に世に出た『元・巨人』の取材には、ホテルニューオータニを出る際に移籍は了承していて、ハンコも押していた、球団事務所行きは、「あそこには、記者会見をしに行っただけ」とやたらとあっさりしている。時間とともに、小林の怒りも風化していったのか。もしくは、もう過去を振り返りたくはなかったのか。

だが、ひとつだけ、決定的な揺るぎない事実がある。翌朝、ホテルで長嶋監督からの「コバ、立派だったぞ」という激励の電話で目覚めた小林は、一夜にして日本中がその顔を知る、「悲劇のヒーロー」となったのだ。

2月8日のプロ野球実行委員会の決定で、形式的にはお互い金銭トレードという形を取ったが、小林の阪神入団が正式に決まると10日に安芸キャンプ入り。新しいチームメイトたちもさっそく歓迎会を開いてくれた。開幕前にも東京・高輪のホテルパシフィック東京で「小林繁を励ます会」が開催され、親友の前川清、研ナオコ、石野真子、森山加代子、横綱の輪島ら各界の豪華キャストが集結した。もはや阪神ファンだけでなく、全国民が、小林を応援しているような雰囲気すらあった。

結論から書くと、この79年の小林の鬼気迫るピッチングは凄まじいものがあった。巨人戦中心のローテを自ら希望すると、破竹の対巨人8連勝を記録するのだ。天敵をなんとか攻略しようと、世界の王は代名詞の一本足打法を捨て、二本足で打席に立つほどだった。のちに神がかった79年シーズンの大活躍の理由を聞かれ、小林は「男の意地だけだと思う」と答えている。

阪神入りしてすぐ、宮崎に送ったままのトランクが気になり取りに行こうとしたが、読売側から騒ぎになるからと断られた。常にマスコミに追いかけられ、昔の同僚に挨拶すら行けず仕舞い。どんな起用法にもそれがオレの仕事だからと耐え、76年の阪急との日本シリーズでは全7戦中6試合に投げたこともある。巨人軍を守るために身を粉にして働いてきたのに、なんで自分がこんな目にあわなければいけないのか。今の異常な人気は結果が出なければ、やがて批判に変わるだろう。オレは不様なピエロにはならない。もう死にもの狂いでやるしかないのだ。文字通り、野球人生を、いや己の人生そのものを懸けて、小林はマウンドに上がった。

「巨人に負けたくない」

怪物・江川が比較対象といえども、巨人は自分より、プロで1球も投げていない投手が上だと判断した。怒りと怨念に突き動かされた背番号19は、阪神1年目に自己最多の22勝を挙げ、初の最多勝を獲得。投球回273回3分の2、17完投、5完封、200奪三振、防御率2・89の堂々たる成績で2年ぶりの沢村賞にも選出され、年俸は3000万円台の大台に乗った。

オールスターには投手部門のファン投票トップで出場する人気を誇り、79年度の「ベストドレッサー賞」スポーツ・芸能部門にも選ばれ、初のレコード『亜紀子』もリリース。30社近い企業からテレビCM出演のオファーがあった。なお、小林の形態模写で名を売ったのが当時無名の若手芸人、明石家さんまである。ちなみにそのレコードデビューは79年9月21日発売の『Mr.アンダースロー』で、ジャケット写真は阪神のユニフォームを着て小林のモノマネをする、さんまの姿が確認できる。

だが、すべての物語には光もあれば、影もある。『情熱のサイドスロー 小林繁物語』の中で、阪神1年目の快進撃を振り返り、小林はこんな言葉を残している。

「ファンもマスコミも俺が巨人に勝つたびに大騒ぎをする。世の中が、そんな風に動くのが嫌だった。『あんたら馬鹿か』と思いながら、それでも、俺は巨人に負けたくないと思って必死に投げていたんだ。結局、世間に踊らされていたんだよ、あの年の俺は」

悲劇の主人公に祭り上げられた反動は必ずどこかでくると覚悟していた。

注目され続ける疲れもあり、巨人時代は下戸に近かったが、阪神移籍後はブランデーをあおるように飲んだ。82年に離婚したことから、派手な女性関係を巨人フロントに嫌がられたと週刊誌に報じられ、本拠地の甲子園では「芸能人!」とヤジを飛ばされたこともあった。

巨人時代からの連続二ケタ勝利は続いていたが、曲がったままの右ヒジの痛みは慢性化し、年俸も頭打ちで、チームもBクラス常連だ。気がつけば、次第に野球以外の世界

小林繁（時事通信社）

に興味が移っていく。思えば、あの22勝の煌めきと引き換えに、小林はほとんど燃え尽きていたのだ。

移籍2年目に江川との投げ合いに敗れても、尊敬する王が引退してすっかり世代交代した巨人打撃陣にも、もう燃えるような感情は湧き出てこなかった。開幕戦で敬遠サヨナラ暴投の屈辱的なミスも飛び出し、これまでカモにしていた打者にホームランを打たれ、数年前からフォークでごまかしてきた投球スタイルにも限界を感じていた。自らを「技巧派の力投型」と評する小林に、30代のモデルチェンジをしてまで生き延びる気力はもう残っていなかった。

通算139勝で引退

そして、大阪の北新地にクラブと北海道料理の大衆割烹をオープンした83年、13勝をあげながら、小林は30歳の若さで現役を引退するのだ。野球を嫌いになったわけではないが、もう疲れきっていた。

通算139勝は、同じく32歳の若さでユニフォームを脱ぐ江川の135勝をわずかに上回っているが、もし、江川が大学卒業後に即巨人入りできていたら、小林とエースの座を争い、西本聖《たかし》も含めた強力三本柱を形成していたかもしれない。

〝空白の1日〟は、ふたりの大投手を有名にしたが、その心を削り、ドラマ性や喧噪と引き換えに選手寿命を縮めてしまった。オレたちは投げるマシーンじゃない。機械的に自分を大阪に飛ばした、読売の上の人たちは現場で汗にまみれる選手の気持ちを分かっているのか……。

小林は「週刊ベースボール」の山口洋子との対談で、こんな本音を漏らしている。

「あのトレードは、球界としてはやらなきゃいけないトレードだったかもしれない。しかし、ぼくにしてみれば、仲のいい友達相手に投げるわけ。仲良し同士が、何故こうまでキバをむき出しにして向かい合わねばならんのか。そんなにまでしなくたっていいじゃないかと思う気持ちもあるわけです。だから、あのときのぼく自身の寂しさ。それを世の人々にわかってもらいたかった」

巨大な組織の都合に翻弄されながらも、「あんたらの思い通りにはさせないよ」と腕一本で立ち向かった男の意地。それは、会社で生きるサラリーマンたちにとって、等身大のヒーローそのものだった。だから、大衆は「誰よりも巨人を愛し、憎んだ男」小林繁の投げる一球に熱狂したのである。

2.「捕手としては終わった」男が華麗にカムバック
——中尾孝義（1980〜93、中日〜巨人〜西武）

〝捕手の革命児〟と称された男

その選手は若くして成功した。ドラフト1位でプロ入りすると、2年目には早くもMVPを獲得。〝捕手の革命児〟と称された中尾孝義である。現役で慶大受験に落ちるも、一浪して入った専修大で東都リーグきっての好捕手と話題となり、日米大学野球では全日本の四番も打った。プリンスホテル野球部の一期生として入社すると石毛宏典《ひろみち》らとともに主力を張り活躍。1980（昭和55）年ドラフトで中日から1位指名を受ける。石毛（西武1位）や東海大の原辰徳（巨人1位）とはプロ同期生である。

身長173センチ、体重75キロの引き締まった体型で、100メートル11・3秒の俊足。背筋力300キロ、握力は左右ともに80キロ以上。逆立ちしたままナゴヤ球場のグラウンドを一周する筋力にナインは驚き、練習でショートに入ると、捕球から送球まで本職を凌駕する動きを披露する。野村克也や自チームのベテラン捕手・木俣達彦は、いかにもキャッチャーというずんぐりむっくりのがっしり体型だったが、スリムな中尾は彼らとは対照的な新時代のアスリート型捕手として名前を売る。

その登場は革命的だった。分厚いミットを持ちクロスプレーは両手でタッチというそれまでの常識にとらわれず、片手でもスムーズに捕球やタッチができるようミットを薄く軽くした。下からかち上げるようなファイト溢れるブロックに俊敏なバント処理。アメリカから取り寄せたひさしのないヘルメットを被ると、丸刈り頭のようなシルエットで〝一休さん〟と一躍人気者に。

1年目から116試合に出場して、盗塁阻止率・450を記録。木俣から正捕手の座を奪い、2年目の82年は打率・282、18本塁打、47打点、7盗塁の成績でチームのリーグ優勝に大きく貢献すると、ベストナイン、ゴールデン・グラブ賞、セ・リーグ捕手初のMVPを獲得してみせた。大先輩の星野仙一は「若いくせに、自分がこうと決めたらオレがフォークを投げたいと思っても、ガンとして投げさせてくれん。ガンコなヤツだ」なんて笑い、ボスの近藤貞雄監督もその才能にとことん惚れ込み、こう絶賛した。

「私は長いこと野球を見てきたが、戦前、戦後を通じてナンバーワンの捕手といっていいんじゃないか。捕手の概念を変えた男だよ」

プロ入りわずか2年で捕手のイメージを変え、ハワイV旅行中に現地の教会で結婚式をあげ、新妻からは「ねぇ、ナカリン」なんて呼ばれるバラ色のオフ。だが、20代半ばの若さですでにシーズン終盤は痛み止めの注射を打ちながらのプレーを余儀なくされるなど、怪我の多さが目立った。ヒザやアキレス腱に不安がある〝ガラスの王子〟。抜群の身体能力を持つ一方で大学時代からサユリストじゃなく〝サボリスト〟の異名を持ち、水泳トレーニングに取り組めば3日目に風邪を引くズンドコぶり。「体力が備わっていないだけに、選手寿命に疑問が持たれる」とフロントは苦言を呈し、MVP獲得の翌年には内野転向が度々報じられた。

そんな悩める背番号9の扱いに、「中尾はセ・リーグの宝。大事に育ててやってほしい」と中日コーチに耳打ちしたのは、敵ベンチにいた巨人の藤田元司監督である。この縁は、のちに大きな意味を持つことになる。

トレード先はまさかのライバル球団

右肩を脱臼して76試合しか出場できなかった84年、打撃面では打率・322、12本塁打、35打点、OPS・957の好成績。「中尾のパワーと技術なら、（内野転向すれば）クリーンアップも任せられる」とコーチが太鼓判を押す非凡な打撃センスは健在だった。実際に85年11月のセ・リーグ東西対抗戦では三塁を守り、山内一弘監督も86年シーズンは「中尾を三塁に回す」と明言。しかし、二転三転したあげく、本人の意向もあり、このコンバートプランは幻に終わる。そしてトレード話も報じられた86年秋、中尾の運命を変える人事があった。燃える男、星野仙一が中日の監督に就任したのである。

中尾が新人の頃、星野の勧めもあり名古屋に土地を買ったし、結婚式の仲人もしてくれた。その親しい先輩が自分のボスになる。「ドラゴンズのキャプテンをやれ！」と命じられ、上と下に挟まれ気を遣い胃潰瘍になったが、87年はチーム最多の73試合にスタメンマスクを被り、打率・291、16本塁打。しかし、ある試合でコーチから変化球を投げさせろと指示され、変化球のサインを出して打たれたらそのコーチから理不尽に叱責されたことにプッツン。中尾は「捕手なんかやってられません」と直訴して、星野も相変わらず怪我の多い後輩を88年から外野手に転向させる。

「中尾には殺気があったんや、プレーにな。その殺気が消えてしまえば、仕方ないやろ。あれだけの才能をあいつはわずか7年で食いつぶしおった」

当時の「週刊ベースボール」にはそんな星野語録が残されているが、この昭和最後のシーズン、中日は6年ぶりのVを達成するも、腰痛に苦しんだ中尾は不完全燃焼の1年に。過去に「サードを一度やってしまったら、もう捕手には戻れないかもしれないからね。それが怖いんです」とコンバートを断った男は、やはり捕手へのこだわりと未練があった。

若手のホープだったはずが、気が付けば30歳を過ぎ、自分の希望と違う仕事をしている。会社も家庭もいいことばかりはありゃしない。昔、ベテランの木俣からポジションを獲ったように、今度はひと回り年下の中村武志に正捕手の座を奪われた。星野は現役時代の自分を知る選手たちを続々と放出して、新しいチームを作ろうとしている。今年ダメならトレードされるだろうという予感もあった。

まさにそんなときだ。88年オフ、星野から電話でトレード成立を告げられる。行き先はまさかのライバル球団巨人。元沢村賞投手の西本聖、若手の加茂川重治《しげはる》との2対1の交換には、それぞれの親会社も難色を示したが、その捕手としての力量を高く買う藤田元司が巨人監督に復帰。中尾の獲得を強く望んだのだ。山倉和博《かずひろ》や有田修三に衰えが目立ち、センターラインの強化は急務だったが、中尾が100試合以上に出場したのはM

VPに輝いた82年が最後、32歳で腰痛持ちの〝元〟捕手の獲得に疑問の声があがったのも事実だ。

だが、男の運命なんて一寸先はどうなるか分からない――。一度終わったはずの捕手は、新天地で劇的な復活を遂げるのである。

「平成の大エース」覚醒のきっかけに

前年の開幕戦は「六番左翼」でのスタメン出場だったが、巨人では「八番捕手」の開幕スタメンマスク。桑田真澄を完投勝利に導き、お立ち台で「中尾さんのリードに驚きました。こんな攻め方があるなんて」と若きエースは感謝を口にした。さらに背番号22は、斎藤雅樹を強気なリードで引っぱり覚醒のきっかけを作る。平成元年の斎藤はなんと11連続完投勝利を含む20勝を達成。ここから「平成の大エース」と呼ばれていくことになるが、「週刊ベースボール」の別冊「よみがえる1980年代のプロ野球」（1989年編）の中で、その要因に「中尾のリード」をあげている。

「中尾さんはもうこれでもかぐらいにインサイド、インサイドに来いと。僕も冷や汗をかきながらも何とかその要求に応えたい、投げ切りたいという思いだけで投げ続けていました。それを何度も繰り返していくうちにインサイドに投げる技術が実戦の中で自然と培われていった」

この年の巨人のチーム防御率2・56は12球団ぶっちぎりトップ。年間完投69を誇る若くタフな投手陣を中尾はリードで牽引して、陰のMVPとまで称された。87試合で打率・228、5本塁打、27打点と一見平凡な成績だが、ベストナイン、ゴールデン・グラブ賞を受賞。なお、54安打はセ・リーグのベストナイン捕手としては最少安打数である。

巨人8年ぶりの日本一の瞬間、満面の笑みでマウンドに駆け寄ったのは背番号22だった。それだけ、藤田巨人における捕手・中尾の存在感は大きかったのだ。なお、トレード相手の西本も中日で20勝を挙げ復活。中尾とともにカムバック賞に輝く。いわば窓際のベテランに片足を突っ込みかけていた両者にとって、まさに逆転野球人生の移籍劇である。

90年も藤田巨人はリーグ連覇するが、中尾は滝川高の後輩・村田真一に正捕手の座を譲る。腰痛に加え右ヒジ痛にも襲われ満身創痍。92年5月には大久保博元との交換トレードで、ドラフト時に熱心に誘ってくれた西武ライオンズへ移籍。黄金時代の西武で2

中尾孝義（時事通信社）

年間プレーしたのち、93年限りでユニフォームを脱いだ。

　プロ通算13年間、在籍した3チームすべてで二度ずつ計六度の優勝を経験。中日から出されたあの移籍が終わりじゃなく、逆襲の始まりだった。トレードによって甦った男、中尾は「週刊ベースボール」89年優勝特別号でこんなコメントを残している。

「あのトレードは失敗だった、なんて絶対にいわれたくなかったし、この1年は何が何でもやってやるという気持ちだけが支えだった。西本にとってもオレにとっても、今年は人生の節目の年。でも、巨人で優勝を味わえたオレの方が、ちょっぴり幸せかな」

3．「巨人に捨てられた」一匹狼の逆襲

——西本聖（1974〜94、巨人〜中日〜オリックス〜巨人）

しのぎを削った同世代のライバルはすでに引退して、オレのポジションは若手選手に奪われた。

そろそろ潮時かもな……。周囲だけでなく、自分すらもそう思う。かつて、そういう状況から移籍を機に劇的な復活を遂げたベテラン選手がいる。元巨人の西本聖である。

反骨の〝一匹狼〟

1974（昭和49）年に長嶋巨人の一期生として松山商からドラフト外で巨人入り。実は明治大への入学が決まりかけており、ドラフト外という低い評価に「裏切られた」という怒りもあったが、周囲の強い勧めもありプロ入りを決断した。当初は甲子園のアイドルで同期のドラ1定岡正二を強烈にライバル視するも、3年目に8勝を挙げて先を行くと、その次はひとつ年上の怪物投手をターゲットにする。〝空白の1日〟騒動で入

ってきた江川卓に追いつき追い越せと西本は燃えるのだ。鋭いシュートを投げるために当時は珍しいプールトレーニングで手首を鍛え、電車内では一本歯の下駄を履き続けて下半身強化。いやそれ普通に周囲の乗客に迷惑なんじゃ……と突っ込みたくなる猛練習に明け暮れ、背番号30が投げる日には自チームの試合でも「打たれろ、負けろ」と念じ続けた。

「江川さんというのは、ぼくにとってガソリンだった。ぼくという車は、ガソリンがあるから走れた」

のちに「週刊ベースボール」のインタビューで、投手として圧倒的な才能を持つ江川の存在を「自身のガソリンだ」と語った西本は、80年代の人気絶頂の巨人で強力二本柱を形成する。81年には18勝を挙げ沢村賞と日本シリーズMVPを獲得。4年連続の15勝以上を含む6年連続二ケタ勝利を記録して、球界一と称されたフィールディングで7年連続のゴールデン・グラブ賞に輝き、一時期は江川や原辰徳を抑えてチーム最高年俸選手にまで登り詰めた。

しかし、財テクや株に興味を示し「たかが野球、されど野球」と飄々とプレーするライバルとは対照的に、グアムキャンプでひとり浜辺をダッシュする西本のガムシャラさはときにチームメイトからも敬遠される。記者投票で入団時のいざこざから20勝達成の江川が避けられ転がり込んだ沢村賞には、同僚からの祝福の声はほとんどなかったという。チームの和を乱すヤツ、いつからか背番号26にはそんなレッテルが貼られるようになる。

「週刊読売」84年3月25日号での中畑清との対談企画では、「オレがお前に言えるとすれば、自分を殺して他の連中の中に溶け込んでいけるような余裕を持ってほしいな」と諭された。

「野球に対する考え方はみんなが見習わなきゃいけない点なんだけど、人間関係になるとみんながもう一つ入っていけないという、何かワクがあるわけよ。プロだから一人でやりゃいいんだ。それは決して間違ってないけど、(ものすごく生真面目な顔になって)ただ、一人では勝てないよ」

いわばチームリーダーからの公開説教だ。連続二ケタ勝利が途切れた86年前後から、〝一匹狼〟西本への批判記事やトレード予想がメディアでは目立つようになる。さらに皆川睦雄投手コーチとの確執が表面化して、球団批判で罰金200万円が科せられた。その両者の険悪な関係を修復させようと、球団から〝和解ゴルフ〟を準備されるも、王監督の前では理解ある大人を演じ続ける皆川コーチの姿に怒りを通り越して呆れる背番号26。両者の関係はもはや修復不可能だった。

87年限りで、王巨人の初Vを置きみやげに、その年13勝を挙げたライバルの江川が電撃引退。32歳の西本も88年はたったの4勝に終わり、桑田真澄や槙原寛己ら若手も台頭してきた。世界の王は去り、復帰した藤田元司新監督は新世代の投手王国を作ろうとしている。なぜもっと投げさせてくれない？　オレの働き場所はもうないのか……。もはや反骨の右腕・西本の怒りの炎は消えかかっていた。

「打倒江川」から「打倒巨人」へ

だが、男の運命なんて一寸先はどうなるか分からない――。

88年オフ、同リーグの中日ドラゴンズへの移籍が決まるのだ。巨人で通算126勝を挙げた西本に加茂川重治を加えた、中尾孝義との2対1の交換トレードだ。一瞬、同期の定岡のように「移籍拒否しての引退」も頭をよぎった。巨人への愛着と未練があった西本は藤田監督のもとを訪ね、「来年は二ケタ勝つ自信があります」と訴えるも、「チームには実力のあるキャッチャーが必要だ。過去に（ライバル球団間で）これだけの大型トレードはなかった。球界の発展のためにも分かってくれ」と理由を説明された。しかし、頭では理解できても、感情の整理がついていかない。西本は中日入団発表を終えた直後に収録された「週刊ベースボール」88年12月26日号のインタビューで、古巣への本音と新天地での手応えを語っている。

「はっきりいって14年前に18歳で巨人に入団したときよりも、緊張しましたね。ボクは巨人から捨てられたわけですよ。藤田さんはボクの力を必要としなかったわけです。ところが、星野監督は評価してくれた。これから、野球を続けていく上で、このときの気持ちを大切にしていきたい」

実際は他の選手のように電話ではなく、湯浅武球団代表が西本の自宅を訪ねてトレードを直接伝えたように、巨人側も功労者に対して誠意は見せていた。だが、恩師の長嶋茂雄に電話をかけると、「その悔しさを忘れるんじゃないぞ！　必ず見返してやれ！　それが男だ」と激励され、西本のハートに火がついた。

「まだまだいけますよ。今年1年、ずっと鍛えてきましたからね。そりゃ、2年くらい前だったら、ヒジもあまりよくなかったし、自信なかったですよ。でも今はベスト。今年の後半なんて、ものすごくいいボールを放ってたんですから」

いざ、「打倒江川」から「打倒巨人」へ。西本はライバル江川不在の心の空白を、自分を出した巨人を見返すという新たな目標へと切り替えた。

闘将・星野仙一は、87年の開幕戦で自チームの落合博満に対して、臆することなくシュートで内角を抉り、3本の内野ゴロに抑えた西本の気迫を買っていた。巨人ではワガママと揶揄されたキャンプでの自己流調整も中日では許可される。

西本聖（時事通信社）

そして、なにより〝一匹狼〟と呼ばれた西本自身にも変化があった。選手会長の宇野勝《まさる》から「ニシやん、明日のゴルフ、参加するんやろ」とゴルフに誘われたら気分よく付き合い、巨人時代はまったくやらなかった麻雀もチームに溶け込むために覚えた。「チームに入っていくためにどうしようか考えてる時期に、向こうから来てくれたんで、助かった」と西本は新しい同僚たちに感謝。自身が変われば、周囲も変わる。試合中のベンチでは若い選手が「ニシさんを見殺しにするな」と声を出していた。32歳で体験する名古屋での単身赴任生活で、野球人生のリスタートを切ることに成功する。

完全燃焼のプロ生活

89年シーズンの西本は久々にローテの中心で投げ続けた。7月には5連勝で月間MVPを受賞。7月14日、地元ナゴヤ球場の大洋戦で通算136勝目となる10勝目を挙げると、「いい区切りになった。江川さんが引退してからはひとつの夢だったからね」と怪物投手の通算135勝超えを素直に喜んだ。その頃、野球評論家の江川は念願のニューヨーク旅行を実現させ、メトロポリタン美術館を見て回る充電生活中だ。何を優先させて生きるのか、そこに正解はない。人生いろいろである。

「巨人時代はコンディション作りでいまいち、うまくいかないところがあった。18勝を挙げた時（81年）より、いまの方が充実してますね」なんて笑う中日の西本の快進撃は続き、移籍初年度に対巨人戦5勝をマーク。自身初の20勝を記録し、斎藤雅樹（巨人）と最多勝のタイトルを分け合い、トレード相手の中尾孝義とともにカムバック賞にも選ばれた。

巨人ではあくまで大黒柱の江川を追う二番手だった右腕が、いわば15年目で初めて「エース」と認められたシーズンでもあった。「週刊宝石」89年12月21日号で対談した小柳ルミ子とは、「他人になんと言われようと、最後はそういう人が勝つんですよ。やっぱり、一生懸命コツコツとやってる人が。私も西本さんと同じですよ。私は、かなりプロ意識が強いほうですから、いまの芸能界では……、早い話がはみ出し者ですね」なんてニシとルミ子が意気投合。契約更改では年俸4400万円から、ほぼ倍増の推定8500万円でサインした。まさに33歳にして実現させた「逆転野球人生」である。

その後、移籍2年目の90年も11勝を挙げるが、91年には椎間板ヘルニアを患い引退の危機に。だが、35歳の西本はロサンゼルスへ飛び、失敗したら車椅子生活というリスクの高い手術を受けての復帰を選択するのだ。中日からオリックスを経て、最後は恩師の長嶋監督が指揮を執る巨人へテスト入団。文字通りボロボロになるまでユニフォームを着続け、94年限りで現役生活に別れを告げた。

20年間にもわたった完全燃焼のプロ生活。それはわずか9年で余力を残して去ったライバル江川卓に対する、男の意地のようにも見えた。なお、西本聖の通算165勝は、ドラフト外入団では史上最多である。

4.「星野監督を見返す」遅咲き野球人生
――矢野燿大（1990〜2010、中日〜阪神）

険しかった正捕手への道

彼は、自分の中に芽生えかけた不安を打ち消そうと、深夜の公園でひたすら素振りを繰り返した。

一軍にはいるもののベンチに座っているだけ。出番がないまま終わる日も多かった。「また正捕手との差が広がってしまった」なんてマイナス思考に陥ると、帰宅してから真夜中の公園に走り、バットを振った。もう20代も残りわずかだ。オレはこのまま終わりたくない……。中日時代の矢野燿大（2009年までは「輝弘」）は、そういう立場に置かれた野球選手だった。

1990（平成2）年に東北福祉大からドラフト2位で中日に入団。巨人も次代の正捕手候補として矢野を熱心に追い入札するも抽選で敗れ、社会人キャッチャーの吉原孝介（川崎製鉄水島）を2位指名した。この時、矢野は巨人が当たりクジを引くことを願っていたという。

中日には2学年上の若いレギュラー捕手、中村武志がいたので出場機会が限られると思ったからだ。ドラフト直後の「週刊ベースボール」の矢野評は「強肩強打。日米大学野球も2回出場し、内野もこなす万能選手」。その前評判通り、1年目の夏から控え捕手として一軍ベンチ入りするも、やはりライバルの壁は高かった。「鉄拳制裁星野」なんて現代ならコンプラ的にありえないむちゃくちゃな横断幕が球場で掲げられていた時代。闘将・星野仙一が直々に鍛えた中村はリーグ屈指の強肩に加え、91年に20本塁打、93年は18本塁打と攻守ともに全盛期を迎えつつあった。

そんな3年目のオフ、衝撃の事件が起きる。ドラフト同期でともに中日入りした東北福祉大の同級生が早くも戦力外となったのだ。当時の心境を矢野は自著『考える虎』（ベースボール・マガジン社新書）でこう書く。

「彼が戦力外になったと聞き、慌てて寮の部屋へと行ったのですが、すでに退寮した後でした。プロ入り後はお互い、自分のことで精いっぱいで、会話を交わす時間も減っていました。戦力外通告を受け、一人、荷物を片付けているときの彼の気持ちを想像すると、胸が痛くなりました」
そして、矢野は「いつ自分がクビになってもおかしくないんだ」と自身の置かれた立場を痛感する。

57試合の出場に終わった5年目、95年の秋季キャンプでは、出場機会を得るために外野手の練習を始めた。背番号も2から38へと変更され、もうあとがないのは分かっていた。控え野手が同じ力なら将来への投資を込みで若い選手を使うだろう。深夜の公園でバットを振ったのもこの頃だ。96年には打率・346、7本塁打と打撃で結果を残すも、正捕手への道は険しい。高卒でプロ入りの中村は先輩とはいえ、ほぼ同世代だ。悠長に衰えを待つわけにもいかない。キャンプではキャッチャー練習を終えてから、外野特守を受け泥にまみれた。

「星野監督と中日を絶対に見返す」

97年には自己最多の83試合に出場。プロ7年目にして60試合でマスクをかぶり、第二捕手としての地位を確立し、ようやく遥か先をいっていたライバルの背中を捉えかけていた。実は、中村も自分にはない粘り強いリードをする矢野の急成長を恐れていたという。だが、男の運命なんて一寸先はどうなるか分からない——。

「トレードが決まったから」

97年10月13日午後10時30分、自宅マンションの電話が鳴り、球団からそう告げられるのだ。想定外の阪神行き。その電話の内容を伝えると、愛知出身の妻は号泣したという。中日からは矢野と大豊泰昭、阪神からは関川浩一と久慈照嘉《てるよし》の2対2の大型トレードである。関川は矢野と同じ90年ドラフト2位で駒大から阪神入り。年齢だけでなく、器用さを買われ捕手と外野手を兼任する立ち位置も似ていた。結果的に両者にとって、このトレードが野球人生を大きく好転させることになる。

捕手強化が急務の阪神は当初、中村武志を欲しがったが、中日が希望した外野手の桧《ひ》山《やま》進次郎は出せなかった。そこで大学時代から能力を高く評価していた矢野へとターゲットを切り替えたのだ。トレードを告げられた夜は悔しさから一睡もできなかったが、やがて矢野の中に「星野監督と中日を絶対に見返す」という気持ちが湧き上がってくる。「週刊ベースボール」98年6月29日号では、移籍前の心境をこう語っている。

「パ・リーグなら、またイチから勉強し直さないといけないけど、セ・リーグだったから、そのままスムーズに入ることができました。最初はチームを変わるということに戸惑いもありましたが、2、3日たったら、もう今度はいかに中日を倒すか、などと考えていましたよ」

当時の阪神は、Bクラスが定位置の暗黒期真っ只中。「星野ケンカ野球で育った矢野が大人しいチームの起爆剤に」という声も目立った。しかし、98年6月25日の中日戦。ホームクロスプレーの判定を巡り、審判の胸を小突いてしまった捕手の矢野は退場処分に。両軍ベンチから選手が飛び出す騒ぎになるが、エキサイトする矢野を「テル、気持ちは分かるが、もうやめろ」と懸命になだめたのは元同僚・山本昌《まさ》だった。普通ならば味方チームの誰かが来てくれるのに、止めてくれたのは古巣の先輩だ。オレはまだ阪神の一員ではないのか、と寂しさを感じた。

一方で5月26日の中日戦で川尻哲郎《てつろう》のノーヒットノーランをリードする強烈な恩返しも話題に。中日時代の矢野は敵の川尻の投球をベンチから見ながら、「上手く緩いボールを使えば、もっと勝てるのに」と思っていた。「だって、彼は一本調子になってしまうと危ないんですよ。緩急をつけることが大事。勝負どころに来て、あえて緩いボールのサインを出せるか、どうかです」と川尻の投球の特徴を巧みに引き出し、大記録をアシストした。移籍1年目の98年、矢野は自己最多の110試合に出場するも、阪神は首位と27ゲーム離されぶっちぎりの最下位。その環境を変えるために、やってきたのがヤクルトの監督を退任したばかりの野村克也だった。

遅咲き逆転野球人生

矢野は自軍の攻撃中のベンチでは野村監督の目の前に座り、ノムラの考えを少しでも学ぶように努めた。マスク越しに打者や走者を、そして打席では相手キャッチャーの攻め方を観察することを覚えた背番号39は、移籍2年目の99年に30歳で初めて規定打席に到達し、打率・304を記録する。この夏、初のオールスター出場を果たし、第2戦の甲子園で新庄剛志《つよし》とともに優秀選手賞に輝く活躍。地元ファンからの大声援に「タイガースの一員になれた」と実感した。

矢野燿大（時事通信社）

なお、トレード相手の関川も打率・3

３０で同年の中日優勝にレギュラー外野手として貢献。両チームにとってWin-Winの移籍劇となった。矢野はプロ入り10年近くかけて、ついに正捕手の座を手中に収めたのだ。そうなると、監督から求められるハードルもさらに高くなる。ときにノムさんのマスコミを通した〝ボヤキ〟に腹を立ててしまうことがあったが、一度だけこう褒めてもらったと先の自著で嬉しそうに明かしている。

「古田（敦也）は、ヤクルトのそれほど球の速くないピッチャーを受ける中で、成長できたんや。お前も今、いろいろと工夫してリードしようとしている。それが後々、必ず生きてくるんやから、頑張れ」

結局、阪神は98年から4年連続の最下位と暗黒期からは抜け出せず、名将・野村をもってしても、チーム再建はかなわなかったが、後任の星野監督により２００３年に18年ぶりのリーグ優勝を飾ることになる。その年、矢野は正捕手として１２６試合に出場。打率・３２８、14本塁打、79打点の好成績で自身初のベストナインとゴールデン・グラブ賞を獲得する。

04年には１３８試合フル出場。05年にはキャリアハイの19本塁打をマークして岡田阪神のリーグVに貢献した。通常ならば体力的に緩やかに下り坂に入る30代半ばに、矢野は捕手としても打者としても飛躍的な進歩をみせたのだ。通算112本塁打のうち、95本を30代以降に放っている。MBSラジオで対談した古田敦也は、この頃の矢野の打球飛距離がいきなり伸びたので、打席に入ってきた際に「矢野、どうしたの？　お前なにか（飛ばすコツを）つかんだやろ」と聞いたことがあると明かしている。

30代の遅咲き逆転野球人生。高校時代は東洋大学のセレクションに落ち、猛勉強の末、一般入試で東北福祉大に合格。プロ入り後はレギュラー定着までに時間が掛かった。苦労人の矢野はようやく手に入れたそのポジションを失うまいと懸命に考えながらプレーをした。当然、そういうベテラン選手の貪欲な姿勢はチームに好影響を与え、歴代のボスたちからは重宝される。初めての日本シリーズを戦う前、強力ダイエー打線の攻略法を聞くため社会人野球シダックスの監督を務める野村のもとを訪ね教えを請い、のちにオリックスの指揮を執った岡田彰布からは「戦力として矢野が欲しい」と誘われている。

トレードに出した星野でさえ、矢野が移籍した直後、正捕手で起用されていないことに、こう怒りを露にしたという。

「阪神はなぜ矢野を使わないんだ。こっちはできあがった捕手を手放すのは痛かったのに」

そして、背番号39の晩年。メジャー帰りの城島健司の入団により、出場機会を求め移籍を考えていた矢野を「ベンチでどう過ごすかは、お前にとってすごくいい勉強になる」と引き留めたのも、阪神のオーナー付シニアディレクター職の星野だった。

肩や足の衰えは練習量でカバーしたが、ついに10年シーズンには右ヒジが悲鳴を上げ、ベンチ前でキャッチボールをするのもキツくなった。真夜中の公園で、こんちきしょうとバットを振った日々が遠く昔に感じられる。気が付けば、矢野燿大は40歳を過ぎていた。中日でなかなか試合に出られずくすぶっていた若者は、移籍先で文字通り完全燃焼して、20年間の現役生活に別れを告げたのである。

5．虎の便利屋から竜の救世主へ
——関川浩一（1990〜2007、阪神〜中日〜楽天）

阪神では便利屋扱い

その選手は、28歳にして子どもの頃からの夢を実現させた。

少年時代に田淵幸一に憧れた関川浩一は、阪神に入団して7年目の1997（平成9）年から栄光の背番号22を背負う。初めて買ってもらったキャッチャーミットにマジックで阪神のマークと田淵の22番を書き込んだ野球少年は、ついに夢をかなえたのである。だが、いざ夢が日常になると、そこにはプロ野球の厳しい現実があった。捕手として山田勝彦、定詰《じょうづめ》雅彦らと併用され、シーズン中盤以降は外野で起用されたのである。

関川は駒大時代に東都ベストナインに2回選出される好捕手として鳴らし、90年ドラフト会議で阪神から2位指名を受けた。当初の背番号は21、右投左打の俊足の持ち主で、入団直後から外野転向案が浮上するほど打撃への評価が高かったが、あくまで本人は

「自分はキャッチャーでプロに入ったのだからキャッチャーで飯を食っていきたい」と完全コンバートには難色を示した。もっと試合に出たい、もっと目立ってアピールしたいという気持ちは当然あったが、誰だって、社会に出た直後は、舐められてたまるかと虚勢を張るものだ。

3年目の93年にプロ初アーチを放つと、1学年下の山田が守備型、関川が攻撃型と認識され、次第に併用されるようになる。ベテラン捕手の木戸克彦が徐々に出番を減らしていた時期で、93年から95年は関川がキャッチャーとしてチーム最多出場。95年6月2日の中日戦にトップバッターでスタメン出場するが、阪神では74年9月26日の中日戦で田淵幸一が起用されて以来の「一番捕手」の誕生だ。この年、オールスターにも初出場。打率・295、12盗塁と阪神時代で唯一の規定打席に達するも、捕手94試合、外野手24試合という内容だった。

所詮オレは便利屋扱いか……。20代半ばの関川にとって、不満や焦りは当然あった。下位に低迷する暗黒期のチームは、監督やコーチも入れ替わりが激しい。当然、上司が代われば、自身の起用法も変わる。藤田平監督は関川の外野起用を決断したはずが、復帰の吉田義男監督は「捕手一本」宣言。かと思ったら、シーズンが始まってしばらくするとまた外野で使われる。そんな中途半端な立場でも、96年と97年は規定打席不足ながらも2年連続の打率3割を記録。憧れの背番号22に変更した97年は、序盤はリードに悩み打撃不振に陥り、5年ぶりの二軍落ちを経験するも、外野手として復調すると打率・306、5本塁打、26打点としっかり結果を残した。

「中日に拾ってもらった」

85年V監督のムッシュ吉田が帰ってきても、5位浮上がやっとの眠れる虎。だが、皮肉にもどんな使われ方でも毎年コンスタントに安打を積み重ねた関川は、他球団から注目されることになる。人気者の新庄剛志や桧山進次郎は出せないだろうが、起用法が定まらない関川ならトレードで狙い目というわけだ。

中日の星野仙一監督もそのひとりだった。広いナゴヤドームの開業初年度、中日は屈辱の最下位に沈んでいた。チーム本塁打は前年の179本から115本へと激減して、強竜打線も沈黙。新球場に合ったドーム野球に変える必要に迫られ、目をつけたのが、俊足巧打の関川だった。そして、97年10月、阪神からは関川と久慈照嘉、中日からは大豊泰昭と矢野燿大（当時は輝弘）という2対2の大型トレードが成立する。

当時の報道では、トレードの目玉は元本塁打王で96年も38発を放っていた大豊と、虎の正遊撃手で6年連続規定打席に到達した元新人王の久慈で、ともに外野もできる便利屋捕手といった立ち位置だった矢野と関川は決して主役ではなかった。だが、男の運命なんて一寸先はどうなるか分からない――。

関川は変わった。いや、大人になった。「シーズン当初は捕手なのに決まって外野に回された」なんて愚痴をこぼしていた若虎が、移籍後はキャンプの休日に外野の守備特訓に燃え、練習終了後も特打を繰り返した。「週刊ベースボール」98年3月30日号「新天地で生まれ変わった男たち」特集では、関川のこんなコメントが掲載されている。

「自分としては阪神をクビになって、中日に拾ってもらったと思っている。拾ってもらった以上、自分の〝我〟を通すなんてできるわけないでしょう」

オレは阪神から捨てられた選手。そう思うと、不満をこぼしている余裕はなかった。プロ8年目、ボヤボヤしている時間はない。新しい環境には、トップが目まぐるしく変わった古巣とは違い、絶対的なボスとして君臨する星野監督がいた。指揮官は、チームが苦手とする斎藤雅樹（巨人）や川尻哲郎（阪神）のサイド右腕攻略のキーマンに新背番号23を指名。「2人が先発でくる場合は、セキを捕手で使うこともある」と早々と明言した。すると、関川は前を向いてこう口にしたのだ。

「立浪（和義）も李《リー》（鍾範《ジョンボム》）も外野の練習をくり返している。一人2ポジションがチームのノルマなら、自分が捕手と外野をやるのは当然ですから」

1億円プレーヤーの仲間入り

「とにかく僕は生まれ変わりました」とまで宣言する関川。気分を変えようとヒゲも伸ばしてみた。まさにトレードが心機一転のリスタートのきっかけとなったのだ。移籍1年目の98年は自身二度目の規定打席に到達して、チーム最高打率・285をマーク。中日も横浜と優勝争いを繰り広げ、9月に失速したが2位と順位を上げた。「週刊ベースボール」98年9月21日号の久慈と受けたインタビューではこんな掛け合いがある。

久慈「いやあ、今年はセキさんも生き生きしてるでしょう。阪神のときはキャッチャーで苦労していたから。だから、走、攻、守のすべてにおいて、今年は野球では違う関川浩一を見せてもらっています。やっぱ、キャッチャーは合ってなかったんじゃないですか（笑）」

関川「そんなことないよ！」
久慈「来年から登録も外野手になるでしょう。そうしてもらった方がいいんじゃない？」
関川「そうだね」

なんて言って、めちゃくちゃあっさり認めちゃうセキさんであった。人工芝のナゴヤドームの外野は守りやすさを感じたし、気持ちを前面に出すガッツあふれる関川のプレースタイルは、闘将・星野との相性も良かった。

オフに遊離軟骨の除去手術を受け右ヒジに不安がなくなった中日2年目の99年は、「三番左翼」で開幕スタメン。チームは日本タイ記録の開幕11連勝を飾るが、関川は打率・450、10打点とその原動力となる。代名詞の弾丸ヘッドスライディングと胸まで泥だらけのユニフォームは星野野球の象徴となり、オールスターでは第1戦で六番・ペタジーニと八番・古田敦也のヤクルト勢に挟まれ、全セの「七番左翼」で先発出場。背番号23は一躍、名古屋の人気者となった。

99年8月17日、2位・巨人を本拠地に迎えた直接対決は今でも語り草だ。「一番中堅」

でスタメンも、この年20勝を挙げたゴールデンルーキー上原浩治との初対決で、なす術無く3球三振。絶対にやり返してやると心に誓った9回裏、一死満塁の場面で、関川は相手クローザー・槙原寛己からレフトオーバーのサヨナラ打を放つ。歓喜の輪の中、ベンチ前でヒーローを出迎える指揮官は「セキ！　よくやったぞ」と抱擁。星野も、関川も泣いていた。

関川浩一（時事通信社）

ついにプロ9年目の30歳で覚醒したガッツマンは135試合フル出場。172安打を放ち、リーグ2位の打率・330、4本塁打、60打点、20盗塁の大活躍で、星野中日を11年ぶりの優勝に導いた。一方で、自身初の日本シリーズではダイエー投手陣から徹底マークされ、21打数2安打の打率・095と大ブレーキ。中日打線の生命線は関川と研究されていたのだ。それでも敗退直後に星野は、「（シリーズ）5試合だけで選手を評価するのは酷だろう」とペナントの功労者を責めるようなことはしなかった。

なお、99年オフの関川は巨人の松井秀喜や高橋由伸《よしのぶ》らとともにセ・リーグ外野手部門のベストナインに選出され、MVP投票ではドラゴンズのエース・野口茂樹、投手四冠の上原に次いで、僅差の3位。野手ではダントツの投票数を集めた。そして、契約更改では移籍時には5200万円だった年俸も、ついに1億円プレーヤーの仲間入りだ。

「打席では、いつも相手とはケンカだと思って、負けてたまるかという気持ちで入ってますから。中日に来てからは、燃える男、星野監督のおかげで、いつも熱くなってます」

古巣から捨てられたと思ったら、新天地で自分のことを高く評価してくれる上司と出会った。自分が変われば、世界も変わった。虎の便利屋から、竜の救世主へ。関川浩一は、トレードからわずか2年で、「逆転野球人生」を実現させてみせたのである。

第四章　「野村再生工場」に来た男、去った男

完璧な上司などといったものは存在しない。完璧な監督が存在しないように。結局のところ、選手にとっていい監督とは、気が合うとか気軽に話せるなんてことではなく、自分を上手く使ってくれる監督だ。

野村克也は、他球団で居場所を失った選手たちを積極的に獲得して、見事に再生させた。自身も南海へのテスト入団でプロのキャリアを始めた名将は、出場機会と成功に飢えたハングリーな選手を好んだ。

だが、「野村再生工場」で生き返った選手もいれば、その裏で弾き出された者も数多い。その野村門下生で、球史に残る高速スライダーを操った伊藤智仁《ともひと》は、こんな印象深い言葉を残している。「プロ野球で一番難しいのが実績を作ることであり、実績を作らないとチャンスがないですから。いかに自分の優先順位を上げていくかという生き残りゲームですね」（『マウンドに散った天才投手』松永多佳倫《たかりん》、河出書房新社）。

この章で取り上げるのは、名将・野村のもとで、野球人生を懸けたサバイバルゲームに挑んだ猛者たちのドラマである。

1.「野村再生工場」の最高傑作
——田畑一也(1991~2002、ダイエー~ヤクルト~近鉄~巨人)

ドラフト10位の便利屋投手

一時期、そのプロ野球選手は、毎晩のようにヤケ酒を飲んでいた。缶ビールのロング缶を5、6本なんてザラ。ビール大瓶なら3、4本を軽く空けてしまう酒豪だったが、右ヒジの痛みを晩酌で紛らわし、なかなか思うような起用をしてくれない首脳陣に対する不満をツマミに酒をあおった。

そんな二軍でくすぶる26歳の投手が、1年後にはトレード先でオールスター出場を果たすわけだ。まさにあの移籍がすべてを変えた。田畑一也《かずや》の華麗なる逆転野球人生である。

1969(昭和44)年生まれの田畑は社会人の北陸銀行時代に右肩を痛め、その後手術。20歳にして野球部を辞め銀行も退職してしまう。実家の工務店で大工見習いに励む一方で、軟式の草野球チームで投げていたが、肩も全快し、野球にケリをつけるために受けた91年9月の福岡ダイエーホークスの入団テストに合格する。同年のドラフト会議では全指名の最終92番目に名前を呼ばれる10位指名。当時の選手名鑑には「球速は130キロ台後半ながらキレはある」「カーブ、フォークの制球がよくなれば大化けの可能性」といった文言が並ぶが、ホークス時代の田畑は典型的な一軍半の便利屋投手だった。

4年間で通算43登板、2勝2敗。先発が無理なら、せめて勝ち試合での中継ぎで投げたいと思っても、途中からそのチャンスすらほとんどない日々が続く。なにせドラフト10番目の投手だ。同じ力なら球団は高い契約金を投資した上位指名選手を使うだろう。間の悪いことに右ヒザを痛め、95年には右ヒジ痛にも襲われた。ようやく患部の状態が良くなったと自分では思っても、なかなか一軍に上げてもらえない。王監督はもうオレには興味がないのだろうか……練習後のビールが骨身にしみる。

一方でそんな生活を送りながらも、田畑は野球に対しては手を抜かなかった。ここで腐ったら終わりだと、必死に新球種を練習したのである。雨の日も風の日も二軍で人知れず投げ続けるチェンジアップ。先を思うと不安になるから、ひたすら目の前の白球を握った。そして、先発起用を首脳陣に直訴していた95年の秋にトレードを告げられるのである。柳田聖人《やなぎたしかと》、河野亮《かわのりょう》との2対2の交換トレードで佐藤真一とともにヤクルトへ移籍。当初の注目株は外野手の佐藤で、野村克也監督も「田畑？　あまり特徴のないピッチャーやな」と素っ気なかった。

野村監督からの強烈な言葉

だが、男の運命なんて一寸先はどうなるか分からない――。

誰からも注目されなかった右腕は、大好きな酒を断って臨んだ96年春季キャンプでの紅白戦初戦に登板すると、2回無失点の好投を見せる。140キロ台の直球にカーブ、さらに巧みに投げ分ける絶妙なチェンジアップは、あのノムさんをして「投手としてのセンスがある」と唸らせた。ホークスでの不遇の時代に二軍で磨き上げた武器は、やがて田畑自身の運命を劇的に変えていく。

96年4月13日、中日戦に移籍後初先発すると8回までゼロ封。9回に立浪和義に一発を浴びて完封こそならなかったものの、自己最長イニングを投げ、93年以来3年ぶりの先発白星を挙げた。これには相手の中日・星野仙一監督も「ダイエーは投手が足りんというのにあんないい投手をなんで出すんや」なんて恨み節。田畑は石井一久、岡林洋一、川崎憲次郎といった主力投手に故障者が相次ぐローテの救世主へと躍り出る。

一方で褒めて伸ばすだけが「野村再生工場」ではない。6月9日の広島戦でノックアウトを食らった数日後、練習中に腹が減りバナナを食べに行った田畑はそこにいた野村監督から延々と説教をされた。広島で投げ合った山崎健《やまさきけん》が完封したことから、「山崎は球も速くないけど、ゴロを打たせることだけ考えてる。お前もできるはずなのになんで真っすぐばかりでいくんだ。お前も横から投げてみろ」といきなりサイド転向を示唆するガチンコのボヤキ。いきなり横から投げろ……だと？　思わずそんな心の不満が顔に出ると、ノムさんはすかさずこう言った。

「お前みたいにヤクルトのファームの四番と交換されるようなヤツには、あまり期待してないんだから」

これには田畑の忘れかけていた反骨の炎が一気に燃えた。移籍先で勝利数、防御率ともにチームトップクラスの成績を残し、ローテの座をすでに確保したつもりでいた。仕事に慣れてきた27歳、心のどこかで守りに入りかけていたところで、そんな慢心を見透かされたような屈辱的な言葉だった。雪辱に燃えた田畑は直後の6月22日、札幌市円山球場での中日戦でわずか1安打に抑えプロ初完投初完封勝利。野村はヤクルトＯＢの松岡弘《ひろむ》に対して、「あれで田畑は目覚めたよ。人間が全然変わってきた」と嬉しそうに話したという。

「野村再生工場」の最高傑作

ただ、名将・野村のこういった強烈なボヤキは、アマ時代に叱られ慣れていないエリート選手だと不貞腐れ、逆効果になるケースも多々あったのも事実だ。指揮官自身もテスト生からの叩き上げ。結果的に田畑の反骨心と物怖じしない性格に野村の指導は合った。本人も「こんなに勝っていいんでしょうかねぇ……」なんて戸惑う快進撃に、ノムさんも「田畑がおらんかったらと思うとゾッとする。ホンマ取っておいてよかったな……」と最大級の賛辞を贈る。

田畑一也（朝日新聞社）

　その恩師からの監督推薦でオールスターにも初選出。田畑は第3戦の地元・富山アルペンスタジアムでの凱旋登板を実現させた。三番手として名前がコールされると球場全体を揺るがす「田畑コール」に、興奮したスタンドの観客はウエーブを繰り返した。1年前にヤケ酒を食らっていた男は、まさに郷土の英雄になったのである。当時の「週刊ベースボール」インタビューで、「僕はマウンドで、ボーッとして投げてるんですけど、これは相手に『あいつ、何考えてんだろ?』と思わせるためなんですよ（笑）」なんて笑う田畑は、「野村再生工場」についても聞かれ、こう答えている。

「野村監督は、僕も含めて自分で取ってきた選手には必ずチャンスを与えるじゃないですか。で、一度使ってみてダメでも、もう一度、というように何か、いいものが一つでも出てくるまで我慢してくれるんですよ。僕の場合は、そういう野村監督の忍耐力によって、力を発揮できるようになったのではないかと思います」

さらに小谷正勝《こたにただかつ》投手コーチ、抜群のリードで引っ張ってくれるキャッチャーの古田敦也、調整法のアドバイスをくれた吉井理人と新天地での出会いにも恵まれた。ヤクルト1年目は12勝を挙げ、2年目の97年は26試合で15勝5敗、防御率2・96というエース級の成績を残してチームの日本一にも貢献。古田とは最優秀バッテリー賞を受賞した。ロ一テ投手の自覚と責任から酒の量も減ったが、好投した翌々日だけ、自分へのご褒美として多めに飲むのがささやかな楽しみだ。移籍時1240万円だった年俸は7300万円まで上がり、ドラフト10位から日本一チームの先発陣最高給にまで登り詰めた。

しかし、だ。「ラッキーすぎて、この後が自分でも怖い」とまで言った野球人生の絶頂期は長くは続かなかった。最多勝争いを繰り広げた97年途中から、田畑はすでに右肩に違和感を覚えていたのだ。翌98年の春季キャンプでノースロー調整するも調子が上がらず、6月21日の中日戦では患部の痛みが限界に達し、自ら降板を申し出た。検査の結果、右肩関節に仮骨ができ、それが投げる度に関節を刺激する「ベネット病変」と診断されてしまう。

前々年は177回、前年は170回3分の1と投げまくった代償は決して小さくはなかった。その後、ヤクルトでは右足首の手術もするなど故障に悩まされ、近鉄、巨人と渡り歩くも、右肩が回復することはなく2002年限りで現役引退した。田畑の通算37勝のうち27勝は、ヤクルト移籍後2シーズンで記録したものである。野村克也が監督として最後の優勝、日本一に輝いた97年、その中心にいたのは確かに背番号39だった。

ドラフト10位右腕・田畑一也。その男、「野村再生工場」の最高傑作である。

2. ＩＤ野球を吸収してメジャーへ
——吉井理人（1983～2007、近鉄～ヤクルト～メジャー～オリックス～ロッテ）

「ブリリアント・ストッパー」

その投手は、喜怒哀楽が激しく、気の短い若者だった。

寮の食堂で二軍監督に説教されたことに腹を立て、殴りかかろうとしたら先輩選手たちに後ろから羽交い締めにされた。リリーフの役割には、「先発させてくれるなら、したいです。あんまり人助けするような性格じゃないスからね」とうそぶき、相手チームの四番打者に死球を当てれば、「死球でブツブツ言うならもう一球投げたろうか」なんて発言して問題になったこともある。球団の垣根を越えた同世代のプロ野球選手の集まりには、一度も顔を出したことがない。グラウンドで対峙する選手はみんな倒すべき敵だという意識が強くあったからだ。

その男、凶暴につき——。吉井理人は、和歌山県の箕島《みのしま》高から1983（昭和58）年ドラフト2位で近鉄バファローズへ入団。小・中・高とあの名球会投手・東尾修と同じ経歴で、身近なプロ野球選手として憧れたという。

プロ入り直後に、投手コーチから投球フォームをいじられ、頭が混乱してしまい満足に投げられなくなってしまうが、3年目の86年にはウエスタン・リーグで7勝5敗、防御率2・68という成績でベースボール・マガジン社が選ぶ〝ビッグホープ賞〟を受賞。するとプロ初勝利をあげた翌87年の夏、ヘッドコーチの仰木彬から「来年はええとこで使うからな」と声をかけられた。

その時の驚きと嬉しさを自著『吉井理人　コーチング論　教えないから若手が育つ』（徳間書店）の中で、「（4年目終了時で）たったの2勝しかしていない、ぺーぺーの若手だ。そんな投手に対し、次のシーズンで重用すると言っているのだ。奮い立たないわけがない。僕は期待に応えたくて、その年のオフ、心を入れ替えてめちゃくちゃ練習した」と振り返る。そして、実際に88年から監督に就任した仰木は宣言通り春先から吉井を抑え投手として使った。

１４０キロ台後半の直球と鋭いシュートを武器に4月の月間ＭＶＰに選ばれる活躍で、「週刊ベースボール」88年6月6日号のＨｏｔインタビューに早速登場。「ブリリアント・ストッパー」と呼ばれることについて、「なんか恥ずかしいですよ。『華麗なる救援投手』ですか。別に華麗じゃないですけどね。カレーは好きですけど」なんて軽くボケる吉井。モットーは、同僚のベン・オグリビーが持っていたボールに書かれた「kill or be killed（殺《や》るか殺られるか）」。その度胸と向こうっ気の強さを買う権藤博投手コーチからも、攻めの投球を叩き込まれた。

「コーチはインコース攻めろとはいってますけど、あの人がいうのは、どんなコース、球種でも、心配せずにストライクを投げろと。だから、インコース行け、行けってことじゃないんですよ。攻めのピッチングということですね。ビビってちゃ、しようがないですから」

仰木近鉄のV1に貢献

年俸650万円、近鉄沿線・富田林の家賃7万7000円の2LDKマンションでひとり暮らしをする右腕は、節約のため弁当持参で藤井寺球場入りすることもしばしば。高校時代にバンドを組んでおり趣味はベースを弾くこと。同僚投手と麻雀を楽しみ、好きなタレントは中山美穂という23歳は、5月終了時で6勝1敗5セーブ、防御率1・65

と快進撃を見せたのである。初めてのオールスター戦も経験し、最終的に50試合に投げ、10勝2敗24セーブ、防御率2・69で最優秀救援投手を受賞。秋の日米野球で大リーガーの迫力に触れると、メジャーリーグのビデオを取り寄せてロッカールームで食い入るように見た。アスレチックスのクローザー、デニス・エカーズリーを真似して後ろ髪を伸ばしたのもこの頃だ。

連勝すれば優勝というロッテとの伝説のダブルヘッダー〝10・19決戦〟の第1戦では、9回にマウンドに上がるも際どい判定に熱くなり審判にクレーム。なんとかエース・阿波野秀幸のリリーフに助けられ逃げ切るも、スタンドやベンチは異様な熱気で、初戦が終わると吉井は川崎球場の風呂場に直行して、シャワーを浴びて頭を冷やした。

王者西武をあと一歩まで追い詰めるもわずかに届かず、雪辱を期した翌89年は先発転向志願も不調に陥るが、後半戦に復調。5勝5敗20セーブ、防御率2・99で仰木近鉄のV1に貢献した。優勝決定試合で普段は先発の阿波野のリリーフ登板で胴上げ投手の栄誉を奪われた形になり、吉井はロッカールームでグラブを叩き付けて怒った……というエピソードは有名だが、のちに自著『投手論』（ＰＨＰ新書）の中で、「どうして自分ではなかったんだという思いはあったが、不貞腐れるほどではなく、ブルペンで投げているうちに試合が終わってしまい、出ていくにもタイミングを逸してしまったというのが真相だ」と明かしている。しかし、吉井に試合後「すまん」と謝った投手コーチの権藤は仰木監督とぶつかり、チームを去った。

監督との関係が修復不可能に

人の入れ替わりの激しいプロの世界、かつて自分が先輩の椅子を奪って成り上がったように、やがて後輩の突き上げを受ける。吉井も右ヒジ痛を抱え、年下の赤堀元之にクローザーの座を奪われ、徐々に登板数を減らすと93年には先発転向。翌94年には右ふくらはぎ肉離れで出遅れながら7勝をあげるも、6月7日のロッテ戦で6回途中1失点にもかかわらずマウンドから降ろされた吉井は、グラブをベンチに叩きつけ、それが監督批判と受け取られペナルティを科せられる。

さらに9月25日のロッテ戦でも、途中交代を告げられると怒り、マウンドを降りる際、コーチにボールを渡さず、なんと自らボレーキックする造反行為で厳重注意と二軍落ち。ボス上から締め付ける鈴木啓示監督との折り合いは悪く、もはや関係は修復不可能で、ボス直々に「お前を使うつもりはない」と事実上の戦力外通告を受けるほどだった。

近鉄時代を振り返った雑誌「ＢＡＲＴ」（集英社）の座談会によると、実は吉井の入団1年目にふたりには因縁があった。まだ現役だった鈴木と風呂で一緒になってしまい、直後に先輩選手から「鈴木さんが怒っている」と呼び出され、部屋まで謝りに行くと「ワシが若い頃は、先輩が風呂から上がるまで部屋で筋トレをして待っとったもんや」と３００勝投手から30分間も説教された。なんて面倒くさいおっさんなんだ……じゃなくて、昭和の体育会系の縦社会に嫌悪感すら覚えた。これらの経験は吉井自身が指導者になった際に反面教師として大きな意味を持つことになるが、それはもう少しあとの話だ。

野村ＩＤ野球との出会い

ともかく監督との関係がここまでこじれてしまっては、もう移籍しかない。その秋にはヤクルトの西村龍次《たつじ》との交換トレードがほぼ成立する段階まで来ていたが、95年1月のエース・野茂英雄のメジャー移籍騒動と阪神・淡路大震災の混乱でそれどころではなくなってしまう。さらに前年の年俸が吉井４２００万円と西村７８００万円という年俸格差、加えて移籍に難色を示す西村と球団の話し合いも4回にわたり、3月中旬の開幕直前での発表となった。

「週刊ベースボール」95年4月10日号には、「これで、すっきりしましたよ。一度は、お客さんの多い中で、投げてみたいと思っていましたからね」という吉井の当てつけとも思えるコメントが掲載されている。直前の日向キャンプ中、「もうトレードでも残留でも、どっちでもいいから、はっきりしてほしいんです」と訴える右腕に、鈴木監督の答えは「どっちになっても頑張れ」という素っ気ないものだった。もうすぐ30歳になる吉井は、いわば、上司と衝突して組織を追われたわけだ。

だが、男の運命なんて一寸先はどうなるか分からない——。

プロ12年目、向かった東京で、野村克也監督と出会うのである。とはいっても、最初の印象は最悪だった。ことあるごとにマスコミを通してボヤかれ、「こんなヘボピッチャー、なんで取ってきたんや」なんて辛口のコメントには腹も立った。だが、一方でグラウンド上では先発投手として我慢強く起用された。野村采配はたとえ失敗しても、また同じような場面で使ってくれる。最初はその意味を計りかねたが、起用が続くとやがてオレは信頼されていると意気に感じて安定した成績に繫がった。

以前は、「ミーティングなんかアホちゃうか」と馬鹿にしていた吉井が、野村ＩＤの卓越した野球論に触れていくうちに熱心にミーティングでノートを取るようになる。野茂から教わったフォークボールをアピールして相手に意識させつつ、シュートで右打者の懐を抉る。バッテリーを組んだ同い年の捕手・古田敦也のピッチャーを試合のリズムに乗せていくような巧みなリードには驚かされた。感情を露にすることを野村監督から、「自分が弱っているところを他人に見せるようなものや。腹が立っても我慢せい」と注意されるが、吉井が怒りを表に出して自身を鼓舞するタイプだと分かると、ベンチ裏で暴れようが何も言われなくなったという。いつの時代も、怒りは仕事のガソリンだ。

憧れのメジャーでもプレー

吉井は移籍1年目の95年に先発投手として10勝をマークすると、イチロー擁するオリックスとの日本シリーズでは第3戦に先発して5回1失点投球で、野村ヤクルトの日本一奪回に貢献。雷に怯え四球を連発する意外な弱点を露呈しながらも、そこから3年連続二ケタ勝利を記録。自己最多の13勝をあげた97年には、神宮球場でリーグV決定試合の胴上げ投手にもなった。野村監督は、ベテラン右腕を「久しぶりにこれぞプロの投手、というのを見せてもらったよ」と頼りにした。

吉井理人（時事通信社）

「チャランポランに見えるかもしれんが、ウチの投手で野球を一番考えているのは吉井だ。オフの間、神宮で一番練習を積んでいたのはだれか知ってるか？　吉井や」

そんなヤクルトでの充実の3年間を過ごすと、97年オフに海外FA権を行使して憧れのメジャー移籍へ。99年はボビー・バレンタイン監督率いるメッツで、12勝の活躍を見せた。2003年にNPBに復帰すると、オリックスとロッテで42歳まで投げ続け、現役引退後は名投手コーチとして各球団を渡り歩く一方で、筑波大学大学院の人間総合科学研究科で体育学を学んだ。

上司とぶつかって、慣れない土地での再出発を余儀なくされた29歳の春――。今思えば、22年秋にロッテの新監督に就任した吉井理人の逆転野球人生は、あのトレード劇が大きなターニングポイントになったのである。

3.「野村ヤクルト」のエースから戦力外、そして劇的復活
――西村龍次（1989〜2001、ヤクルト〜近鉄〜ダイエー）

野村ヤクルトの一期生

「子どもの頃からケンカで負けたことはありません。だからプロの打者にも……。ウチにはもっと怖い親父がいましたから」

かつて入団会見でそんな強気な台詞を口にした若者がいる。広島県呉市出身のピッチャー西村龍次である。1989（平成元）年のドラフト会議は、1位で野茂英雄（近鉄）、佐々木主浩《かづひろ》（大洋）、佐々岡真司（広島）ら大学・社会人組の投手、下位でも前田智徳《とものり》（広島）や新庄剛志（阪神）ら高校生野手を輩出した豊作年として語られるが、21歳の西村も野村克也監督が就任したばかりのヤクルトから1位指名を受けた。同年2位があの古田敦也である。いわば彼らは野村ヤクルトの一期生だったわけだ。

名門・広陵高の野球部では金本知憲《ともあき》と同級生だったが、入部して間もなく父親の転勤

にともない香川の寒川《さんがわ》高に転校。最高成績は2年春の県大会ベスト4も、社会人ヤマハ時代の1年目に都市対抗で優勝して、日本代表入り。その度胸から〝右の江夏〟と評された右腕は、プロ1年目から10勝を挙げ、1試合5被本塁打での完投勝利（史上2人目）などどんな状況にも物怖じしない強心臓ぶりが話題となった。新人バッテリーを組んだ古田は「週刊ベースボール」90年7月30日号で、その試合の西村の投げっぷりをこう評している。

「コイツに限って〝逃げ〟に入るということはないですからね。あの日（5月13日阪神戦）にしても、球場が狭いのに加え風が強くて誰も投げたくなかったでしょう。それに12点取って楽勝の展開でしたし、どの打者がどの辺が強いのかを探るために、ボクがいろいろな所に投げさせてみたんですよ」

１４５キロ前後の重いストレートにシュートやスライダー、あとは本人いわく「曲がらないカーブに落ちないフォーク」にもかかわらず、強気の投球と最優秀バッテリー賞にも輝く古田のリードで2年目には15勝8敗、防御率２・80。リーグ２位の２２８回３分の１と投げまくり、15完投、６完封のエース級の活躍を見せる。ヤクルトＯＢ松岡弘の直撃インタビューを受けると、「（中学時代の同級生だった）女性から手紙が届いたんです。『あなたがプロ野球選手になったことを知りませんでした。何となくテレビで見ていた巨人戦で見覚えのある顔……。〝ピッチャー西村〟のアナウンスを聞いて、ピンときました』ですって（笑）。これまでは、テレビ放送の開始前にノックアウトされてましたからね」なんて謎のエピソードを饒舌に語るやんちゃなタッちゃん。

3年目の92年は開幕投手を任せられ、14勝で野村ヤクルトの初Vに貢献。93年は登板過多による右ヒジ痛に悩まされながらも、11勝で胴上げ投手に。西武との日本シリーズでも2試合に先発して、チームは日本一に輝いた。入団以来4年連続の二ケタ勝利に日本一も経験と、誰もがうらやむ順風満帆なプロ生活である。

「西村はパが向いている」

しかし、だ。その一方で92年はリーグワーストの12暴投、ときに年間80四死球超えを記録するアバウトな制球力は、野村監督から度々「アイツは投げてみないとわからんなあ」とボヤかれていた。西村は当時の「週刊ベースボール」のインタビューで、ノムさんからのアドバイスをこう明かしている。

「コースを狙うから、フォアボールになるんです。しかし、それ以前に、0－2とか0

−3にするのが嫌いみたいですね、ウチの監督は……。ボクがよくいわれるのは、〝0−2が多すぎる〟。〝1球めか2球めのどちらかに、ストライクを投げろ〟とかです」

コントロールミスの死球も多く、94年5月11日の巨人戦ではあの事件が起きる。村田真一に頭部直撃の死球を与えてしまい試合が荒れ、7回表にも再び西村がダン・グラッデンの顔面付近にブラッシュボールを投げて、捕手の中西親志とグラッデンが殴り合う大乱闘の引き金に（グラッデンは両手の指を骨折）。後日、セ・リーグアグリーメントが現代まで続く「頭部・顔面死球があれば、投手は即退場」と改められたわけだが、いわば暴れ馬・西村のケンカ投法がルールを変えたのである。

何の仕事でも結果さえ残せば、自分のやり方を組織から許容される。だが、いざ壁にぶつかると途端に欠点ばかりが目についてしまう。その投球スタイルに加え、打撃や走塁を苦手にしていた背番号29に対して、野村監督がふと「西村はパ・リーグの方が向いてるかもしれんな。パでやった方が銭をもうけることができるだろう」と口にしたのもこの頃だ。元ヤクルト同僚の橋上《はしがみ》秀樹は自著『野村克也に挑んだ13人のサムライたち』（双葉新書）の中で、西村についてこう書いた。

「西村はああ見えてよく喋る男だ。ときには『少しは静かにしてろよ』と思うくらいによく喋った。普段は無口な野村監督が、西村のような男を性格的に気に入るわけがない。だが、西村が勝っている間は使い続けた。それは性格の好き嫌いにかかわらず、チームの戦力として計算できたからにほかならない」

94年は5年目にして6勝9敗と初の負け越し。すると、翌95年開幕直前に近鉄の吉井理人とのトレードを告げられるのである。93年まで4年連続二ケタ勝利を記録した26歳元ドラ1右腕の唐突すぎる放出劇。近鉄の鈴木啓示監督が、自身との確執が噂された元最優秀救援投手の吉井を交換要員に持ちかけたトレードだった。

「週刊ベースボール」95年4月10日号の「西村↕吉井電撃トレード決定ドタバタ劇の一部始終」リポートによると、実は年明けに成立しかけていたが、西村は「僕は行きたくありません」とはっきりと近鉄行きを拒否。ちなみに95年ドラフト会議で7球団競合した福留《ふくどめ》孝介（ＰＬ学園高）が、クジを引き当てた近鉄への入団を拒否したのもこの年の出来事だ。当時はまだ、セ・リーグからパ・リーグへの移籍は都落ちに近い捉え方をされていた。

身を削って毎年２００イニング近く投げてきたのになんでオレが……焦った西村はユマキャンプで角盈男投手コーチの部屋を訪ね、「僕がトレードに出されるという話が新聞に出ていますが、本当ですか？」と聞き、キャンプ最終日には田口周《いたる》球団代表から「移籍はない」と異例の説明を受けた。

新天地の近鉄で大苦戦

しかし、3月11日にその球団代表から呼び出され、トレードを通告されるのだ。これには西村も「冷静に考えてみてもわかるでしょう。僕はいろいろな説明をキチンと受けていません」と怒りを露にした。いっそ引退してやろうか……。西村は野球を続けようか、辞めて別の仕事に就こうか1週間近く悩んだという。その間、代表や野村監督との度重なる話し合い、さらには近鉄の鈴木監督から直接説得の電話も入った。こうして3月18日の四度目の話し合いで、ようやくトレードを受け入れる。

西村は広報を通じて「急な話だったということと、それまでは（トレードが）ないといわれてきたことで、通告された時には気が動転し、すぐには答えが出せませんでした。この時期にトレードをいわれた選手の気持ちもわかってほしかったです」とコメント。

野村監督も「彼は優勝に大きく貢献した投手でもあり心苦しい。ただ、あれだけ熱心に誘ってもらって西村も行くのだし、強力打線をバックに投げた方が今よりも稼げるだろう。とってつけたわけじゃなく、西村のためになると思っている」と最後はエールとともに送り出した。

だが、乗り気じゃない異動を命じられたサラリーマンと同じように、スタート前に採めた西村は新天地の大阪で苦しむ。移籍1年目の95年はわずか5勝。夏場にチームの成績不振で鈴木監督が休養してから、自身の置かれた立場も変わってしまった。96年はファームで二ケタ勝利を挙げるも、一軍でのチャンスを貰えず0勝に終わり、97年にいたっては一軍からまったく声が掛からず、年間を通して二軍で中継ぎとして1試合に投げたのみだった。

トレード相手の吉井が新天地の「野村再生工場」で甦り、3年連続二ケタ勝利と活躍したのとは対照的に低迷してしまう。肩やヒジに不安があったのは確かだが、近鉄のブルペン捕手は「気合いの入っているときの西村の球は凄かった。モノが違うという感じ。それは横で投げていたほかのピッチャーも感じていたでしょう」と証言している。要は鈴木前監督が連れてきた西村は、干されたのである。たまらず本人は移籍を志願。97年には在京球団からのトレード話もあったが、交換要員の折り合いがつかず流れた。

ダイエーで3年連続開幕投手

その秋には自ら退団を申し出て29歳での戦力外通告だ。このまま終わったら悔いが残ると秋季キャンプで阪神や横浜のテストを受けるも不合格。球団関係者からブルペン投球を高く評価する声もあったが、テストの時期が遅くチーム編成はほぼ終わっており、首脳陣はその投球をほとんど見ようとしなかったという。初めからオレを取る気なんかなかったんだろう。せめて今の自分の力をぶつける場所がほしい。西村は投手としての死に場所を探していた。だが、男の運命なんて一寸先はどうなるか分からない——。

最後の挑戦は、王貞治監督が「いつでもいいから、(テストを)受けにきなさい」と人づてに誘ってくれたダイエーの雁《がん》の巣球場で懸命に投げた。そして、3球団目の受験で念願の合格通知をもらうのだ。

プロ9年目、年俸6000万円から1500万円へ大減俸での再出発。98年は春季キャンプから飛ばしてアピールすると、3月20日の古巣ヤクルトとのオープン戦で、「デッドボールに気をつけないといかんな」なんて口撃する野村監督にはあえて試合前は挨拶に行かず、7回5安打無失点投球と結果で黙らせた。開幕直前の右肩炎症でひやりとさせるも、4月15日の福岡ドームで日本ハム戦に先発すると、1失点の完投勝利で93

5日ぶりの白星をあげ、お立ち台に上がる。「週刊ベースボール」98年7月13日号では、その試合で最後の打者を打ち取ったときの心境をこう語った。

「いろいろなことが頭の中に浮かんで来たけど……苦しかったときかなあ。近鉄時代、まったく投げられなかった時のことですね」

ヤクルト時代のビデオを取り寄せて、近年のフォームは構えたときに前に屈みすぎていたので背筋を伸ばし、ボールを低めに集めるように意識した。この98年は前半戦に一時勝利数と防御率でリーグトップに立つ活躍をみせ、プロ2年目以来のオールスター戦にも選出。5年ぶりの二ケタ勝利に到達して25試合で10勝10敗、リーグ4位の防御率3・36と先発ローテの中心を担った。

西村龍次（時事通信社）

自由契約となりテストを受けるためキャンプ地を回っていた男が、その1年後に秋の日米野球でサミー・ソーサと対戦している。まさに30歳での逆転野球人生だ。すでにボロボロの右腕は悲鳴を上げていたが、優勝経験者としてロッカールームでは若いナインたちを鼓舞。ヤクルト時代の92年と93年に続いて、ダイエーでも99年から3年連続で開幕投手を務め、現役ラストイヤーの2001年以外の4シーズンでチームがリーグ制覇する〝優勝請負人〟ぶりも話題になった。

なお、西村がカムバック賞に輝いた98年、トレード相手の吉井もFAでメジャーリーグのメッツへ移籍していた。あの95年開幕直前の電撃移籍劇から3年、結果的に吉井はアメリカで夢をかなえ、西村は最後に辿り着いた福岡でついに復活を遂げたのである。

4.「仰木マジック」で開花したサイド右腕

――鈴木平（1987〜2002、ヤクルト〜オリックス〜中日〜ダイエー）

伸び悩んだヤクルト時代

「サッカーも多少やりましたけど、野球のほうが断然、面白かった。野球に夢中でした」

サッカーで有名な静岡県磐田市に生まれた男は、1996（平成8）年の「週刊ベースボール」インタビューにそう答えている。この年、リリーバーとしてオリックスの日本一に貢献した鈴木平《たいら》である。長嶋巨人と相見《まみ》えた日本シリーズではブルペンの柱として胴上げ投手に。そんなサイド右腕も若手時代はくすぶり、ラストチャンスのトレードにより劇的に野球人生が変わった選手のひとりである。

87年のドラフト会議で東海大一高からヤクルト3位指名でプロ入り。ヤクルトに加え阪急と広島の3球団が競合するが、このとき抽選で外した阪急の三輪田勝利《みわたかつとし》スカウトから母親宛に電話が入り、「ヤクルトでダメだったら、ウチが取りますよ」と言われたという。この縁がのちに鈴木の野球人生を救うことになる。

187センチの長身から大小2つのカーブにシンカーを操る右腕の出番は早かった。本格的にサイドスローに転向したプロ2年目の夏、阪神戦で先発すると5回を投げ切り初勝利。さらに自チームの怪我人続出で、初勝利から中2日でマウンドへ上がった8月20日広島戦では、なんと本拠地・神宮球場で5安打完封勝利を飾る。イースタンでも7イニングが最長だった19歳の大仕事だ。小食でなかなか太れず、長い首と大きな耳に、同僚選手たちからは「E.T.」のニックネームで呼ばれた。

将来のローテ候補生。しかし、鈴木は伸び悩む。制球力に課題を残し、好不調の波も大きい。チェンジアップを覚えようとして肩を痛めるアクシデントもあった。89年10月には野村克也が監督に就任。翌90年のドラフト3位でヤクルトが指名したのが、亜細亜大学の高津臣吾だった。同じサイド右腕で年齢も近い。鈴木にとっては分かりやすいライバルだ。93年の高津はチャンスをモノにして抑え投手に抜擢されると日本一に貢献したが、同年の鈴木の一軍登板はゼロである。

プロ7年目の94年はわずか2試合の登板に終わり、防御率20・25。ふと周りを見渡すと二軍では年下の選手ばかりだ。気が付けば、いつクビを切られてもおかしくない立場だった。

〝超二流〟と称えた仰木監督

だが、男の運命なんて一寸先はどうなるか分からない――。

鈴木は、野村ID野球から見切られるような形で、94年オフに山内嘉弘《よしひろ》との交換トレードでオリックスへ移籍する。結果的にドラフト時の阪急スカウトの「ヤクルトでダメだったら、ウチが取りますよ」という言葉通りの展開になったわけだ。

すると、ユニフォームがかわった途端、鈴木は別人のように投げまくる。移籍1年目の95年は50試合で防御率1・83。そのオフに結婚して臨んだ96年はセットアッパーだけでなく、平井正史《まさふみ》の代役クローザーを務めるなど、自己最多の55試合に投げ、7勝2敗19セーブ、防御率2・43。ヤクルト時代は7年間で29登板だった右腕が神戸で一気に覚醒した。

96年の巨人との日本シリーズは1勝3セーブ、チームのすべての勝ち試合でセーブポイントを挙げ、オリックス初の日本一の胴上げ投手に。勝負どころで落合博満を3打数無安打と完全に抑え、優秀選手賞にも輝いた。「投手では球団一の評価」と年俸も一気に４５００万円増の８０００万円へ。11月には子宝にも恵まれた。まさに26歳のバラ色のオフ。ヤクルト時代は年俸６００万円のクビ寸前だった男が、新天地で逆転野球人生を実現させた。

鈴木平（朝日新聞社）

仰木彬監督は、鈴木を初めて見たときの印象を「週刊ポスト」96年11月15日号のインタビューでこう語っている。

「コントロールの悪いピッチャーだと聞いていたんです。実際見てみると球威はある。腕の振りも独特でバッターから見ると、ボールの出どころが分からないフォーム。さらに落ちるボールを持っている。これは通用すると直感的に思いました」

制球力に自信のないピッチャーには細かいことを言ってもダメという仰木の言葉通りに、山田久志投手コーチもピンチでマウンドへ行くと「小細工せず強気で攻めろ！」と活を入れた。鈴木には緻密なＩＤ野球より、オリックスの自由な環境が性にあった。

「〝再生工場〟と呼ばれる野村監督のところに居て、芽が出ず、ウチで花が開いたんだから、皮肉な話だな」

仰木監督はそう言って笑い、鈴木を〝超二流〟の選手と称えた。一流のスター選手は少ない。チームが勝つためには数多くいる二流選手をどう活かすかが大事なのだと。

「花は咲き時、咲かせ時」というのは恩師の三原脩《おさむ》の言葉だが、トレードで来た選手は、大事に育てるドラフト1位の投手とは違う。〝咲かせ時〟はそう多くないのだ。だから、酷使と言われようとうまくいっている時期により輝くよう無理を承知で投げさせた。鈴木も懸命にその起用に応えたわけだ。

オリックス黄金期の陰のＭＶＰ

「週刊ベースボール」97年1月27日号には「鈴木平の〝超ＩＤ〟トーク　投球に心がこもっていればド真ん中でも打たれない！」という独占インタビューが掲載されているが、獅子奮迅の投げっぷりについて、本人はこんな不安も口にしていた。

「移籍1年目に50試合に出場したときは『毎年あることでもないだろうから』と思って

いたら、2年続けてですからね。それでも故障という故障はありません。でも、自主トレで肩を動かし始めると、どうしても痛くなるんですよ。この痛みが、シーズンが始まるまでに本当に消えてくれるのか、今から心配です」

この悪い予感は的中してしまい、97年は右肩痛と右ヒジ炎症で度々リタイア。それでもオリックス在籍時は5年連続40試合以上に登板と役割を果たした。エリートでもドラ1入団でもない自分が、プロの世界で生き残るにはひたすら投げるしかないと理解していたのだ。夢見る頃は過ぎて、現実を生きる。ベテランになった? いや、鈴木は大人になったのである。その後、中日やダイエーでもプレー。2002年まで現役生活を続けた。

「がんばろうKOBE」を合い言葉に連覇を達成した、あの頃のオリックス・ブルーウエーブ。チームの顔は3年連続MVPのイチローだが、陰のMVPと称されたのは〝もうひとりのスズキ〟こと背番号43の鈴木平だった。

5．ノムさんに信頼された代打職人
――大野雄次（1986～98、大洋～巨人～ヤクルト）

あだ名は〝ポパイ〟

「二軍でくすぶっていたのでは、かっこ悪い背番号ですから」

26歳の子連れルーキーと話題になった男は、大洋から1986（昭和61）年ドラフト4位で指名されると、当時の下位指名では異例の「背番号8」を与えられた。80年代のセ・リーグで8番は、広島の山本浩二や、巨人の原辰徳といった各球団の顔がつける花形の番号だった。それだけ球団からの大野雄次に対する期待は大きかったのである。

「指名順位なんか関係ない。オレは、バッティングに関してはやっていける自信がある」とプロの世界に飛び込んだ大野は、身長は176センチだったが、胸囲103センチ、両太もも63センチのボリュームでマスコミがつけたあだ名は〝ポパイ〟。春季キャンプの打撃練習で場外弾を連発するルーキーには、先輩の田代富雄も「なんてパワーだ」と驚愕。解説者の山崎裕之も「最近の新人でこれだけ速いスイングをする奴はいない。清原（和博。西武）以上だ」と絶賛するなど、誰もがその規格外の飛ばす力に魅せられた。

千葉の君津商時代から右の大砲として鳴らし、専修大へ進学するも、「力がないのに上級生が偉そうにする。オレの性に合わん！」と一時は野球を辞めて、ガソリンスタンドのアルバイトで生計を立てた一匹狼。流浪の果てに辿り着いた川崎製鉄千葉でも、当初は監督とぶつかりながらも通算50本塁打をマークした。西武の入団テストに合格するも、あまりの契約金の安さにチーム残留。まるで、同じく大学野球をドロップアウトして、社会人野球から成り上がった落合博満を彷彿とさせるキャリアである。

プロ1年目の春先は金属バットと木製バットの違いに戸惑うも、イースタンで5月に打率・317、4本塁打と大洋球団選定の〝シルバー賞〟を獲得。一軍昇格を勝ち取った6～7月には2試合連続アーチを放ち、大野も「最高ですよ、一軍は……。だって、二軍なんか遠征に行っても粗末な食事。それに比べ一軍は、昼からどんどんステーキだもん。そればっかじゃあない。打てば、賞金、賞品もいっぱい。こんないいとこないですよ」とハングリー精神で食らいついた。

玄人好みの未完の大器

当時の大洋は、ベテランの田代が故障で精彩を欠き、次世代の大砲育成が急務で、アマ時代は捕手が本職の大野は内野手で起用される。横浜スタジアムでの打撃練習で推定飛距離150メートル弾をレフト場外にぶち込むパワーに、首脳陣は守備の不安には目をつぶり、一時はクリーンアップを任せるほどだった。1年目は打率・231、5本塁打、19打点と終盤はなかなかヒットが出ず苦しんだが、2年目の88年オープン戦では巨人2連戦の3連発を含む、チームトップの4ホーマーを放ち、「五番一塁」で初の開幕スタメン。しかし、打撃不振に加えカカトを痛め、この年は本塁打なしと低迷してしまう。

それでも、90年から大洋監督に就任した須藤豊は「あれだけのパワーがある打者をベンチに置いておくのは、宝の持ち腐れというものです。彼の長打力を生かすために、一塁だけじゃなく三塁もやってもらう」と強化指定選手として期待をかけ、自らバットを持ち60分ものノックを浴びせた。大杉勝男打撃コーチも「一発屋として楽しみな一人」と惚れ込み、「上半身だけで打っている。もっと腰の回転をうまく使った打撃フォームにすれば、もっとホームランを打てるはずだ」と下半身の速い回転でバットスイングを主導する新フォームを熱心に教えた。大野と出会った監督やコーチの多くが、未完の大器の背番号8に和製大砲の夢を見たのである。

なお、ファンレターは中年男性からが圧倒的に多く、30代の男性ファンからカフスボタンとカシミヤのマフラー、ワープロで打ったファンレターが届いたことも。不思議と玄人好みのする選手だった。

しかし、4年目の90年7月28日のヤクルト戦で1試合2発を放つなど印象的な活躍もあったが、好不調の波が激しく、守備に不安があるためなかなかスタメン定着はできなかった。顔がやさしく見えてしまうからとヒゲを生やし始め、巨人の原からプレゼントされたバットでヒットが続いたため、同タイプの930グラム、34インチの黒バットを作り愛用。君津商時代に東海大相模高と練習試合をしたとき、たまたま見に来ていた辰徳の父・原貢《みつぐ》監督から「東海大に来ないか」と誘われたこともあったという。

90年は打率・310、5本塁打。91年は打率・231、4本塁打……。5年間で通算15本塁打。プロ入り直後の期待値を考えれば、伸び悩んだまま、大野は気が付いたら、30歳になっていた。

そして、「週刊ベースボール」の「思い出のヒーロー」アンケートで、『巨人の星』の星飛雄馬を挙げ、毎週テレビアニメは見たし、単行本も全部揃っていると豪語する元G党の大野だったが、91年オフに鴻野《こうの》淳基《じゅんき》との交換トレードでその巨人へ移籍することになる。

12月11日の入団交渉の際には、予想外の700万円増の年俸1900万円を提示され、「右の大砲として期待してます」と湯浅武球団代表から歓迎された。巨人時代の大野といえば、92年7月5日のヤクルト戦での一撃を思い出すファンも多いだろう。9回表に四番原のあの有名なバット投げホームランで同点に追いついた巨人は、延長11回表二死、代打の大野が角盈男から左翼スタンドへ移籍後初となる決勝1号ソロを放った。なお、大野のホームランは放送時間内に間に合わなかったが、フジテレビで中継されたこの試合は、瞬間最高視聴率46・5パーセントを記録。平成初期の巨人戦は、まさに〝国民的娯楽〟だった。

「野村監督のために打ちたい……」

元同僚の屋鋪要《やしきかなめ》から外野用グラブをゆずってもらい左翼守備にも挑戦したが、翌93年からの第二次長嶋政権で、長嶋一茂の入団により出場機会が激減。イースタンで特大弾を放ち健在ぶりをアピールするも、一軍でわずか1打席しか立てず、早い段階で来年の契約は厳しいことも耳に入ってきた。すると前年まで指揮を執っていた藤田元司が西武の森祇晶監督に掛け合ってくれ、西武移籍がまとまりかける。だが、ヤクルトの野村克也監督が大野の獲得を熱望。そうして、慣れているセ・リーグでのプレーを希望した大野はヤクルト入りを決断する。

不遇なときでもアイツは腐らず打席に立ち続けたのか？　どこかで、誰かが、その仕事ぶりを見ているものだ。男の運命なんて一寸先はどうなるか分からない——。

野村との出会いで、大野の野球人生は大きく好転するのだ。94年6月16日の中日戦で7年ぶりの2試合連続アーチをかっ飛ばすと、「今はホームランよりも、試合に出られることが嬉しいんですよ」と声を弾ませ、愛息がリトルリーグで野球を始めたことに「この前まではサッカーしてたんだからね。親がプロ野球選手だから、気を使ったんだろうな。いい子だよ」なんて笑ってみせる33歳の子煩悩オヤジ。前年の1打席からヤクルト1年目の94年は114打席へ出場機会が激増し、自己最多タイの5本塁打を記録。右の代打の切り札として重宝され、95年のオリックスとの日本シリーズ第1戦でも代打ホームランを放っている。

迎えたプロ10年目の96年4月16日、甲子園での阪神戦。2点ビハインドで迎えた9回表一死満塁の場面で、代打で登場すると古溝克之の速球を左翼席へ、起死回生の逆転満塁弾を叩き込む。さらに同年8月10日の広島戦でも、2点リードされた8回裏、またも二死満塁で打席に入った背番号30は、左翼席前列へ代打逆転満塁ホームランの離れ業。

大野雄次（朝日新聞社）

「使ってくれている（野村）監督のためにも、必死だよ。監督のために打ちたい……ただ、それだけだよね」と語る必殺仕事人。これには普段は冷静なノムさんも、「チームに絶対必要な選手や。大野は、ワシが監督を辞める時まで絶対に使い続けるで」と宣言。実際に98年限りで、恩師がヤクルト監督を退任する際にこんなやり取りがあったことを、大野は「ベースボールマガジン」のパンチ佐藤との対談で語っている。

「俺、(97年の)日本シリーズには呼ばれたの。95年の日本シリーズの経験があったから。でも、そこで結果が出なかったから、もう自分でも『限界かな』と思って。それが、36歳のときでね。(98年)シーズンが終わるころ、野村さんに呼ばれて、『ワシはこれで引退するけど、お前はどうするんだ』って聞かれた。だから、『監督と一緒にヤクルトを辞めます』って答えて、引退したの」

97年5月に風疹にかかり、高熱が続き2週間ほど休むと筋肉が落ちて、それからバッティングの感覚も完全には戻らなかったという。バット一本で大洋、巨人、ヤクルトと〝在京セ〟のチームを渡り歩いた12年間のプロ生活は、98年限りで終わりを告げた。

プロ通算27本塁打。その誰もが夢を見たスケールの大きさから考えれば、物足りない記録かもしれない。それでも、大野雄次が放った1シーズン2本の代打逆転満塁ホームランは、当時のプロ野球記録として今もファンの記憶に刻まれている。

第五章　最後の〝舞台〟を求めて

中堅プロ野球選手の移籍と同じく、実績のある中堅社員の転職は難しい。20代半ばまでは、ただガムシャラに前だけ向いて仕事をしていれば良かったのに、ある程度の年を重ねてから新天地で生きる場合は、前だけじゃなく横にも後ろにも気を配り、組織に求められている役割を理解して動く必要があるからだ。

自分はいったいどんな役割を期待されて、ここに呼ばれたのか。もう失敗を笑って許してもらえる年齢でもなければ、ミスをかばってくれる教育係の上司がいるわけでもない。前の会社でのルールや常識が新天地では通用しない場合だってある。

経験はプライドにもなれば、ときに足枷《あしかせ》にもなるのだ。この章は、過去の栄光やプライドを投げ捨て、目の前の〝今〟を完全燃焼してユニフォームを脱いだ、男たちへの挽歌である。

1．「巨人ドラ1」が球界屈指のリリーバーに
――吉田修司（1988～2007、巨人～ダイエー～ソフトバンク～オリックス）

史上屈指の投手王国へ

なかなかチャンスが来なかったドラフト1位投手。

かつて、プロ野球にはそういう選手もいた。何か問題を起こしたわけでもなければ、誰が悪いわけでもない。ただ、運が悪かった。入団したタイミングやチーム事情に恵まれなかったのだ。今回の主役、吉田修司《しゅうじ》もそうだった。

かつて80年代後半から90年代前半にかけての巨人は、プロ野球史上屈指の投手王国を形成していた。この時代の巨人ドラフト1位リストを見ると興味深い。１９８０（昭和55）年の原辰徳（東海大）以降、翌年からドラ1で立て続けに高卒投手を指名。81年槙原寛己（大府《おおぶ》高）、82年斎藤雅樹（市立川口高）、83年水野雄仁（池田高）、85年桑田真澄（PL学園高）、86年木田優夫《まさお》（日大明誠高）、87年橋本清（PL学園高）とのちに投手王

国を築く面々が続々と集結する。ただ、欲を言えば左投手が不足していた。角盈男（当時は三男）はすでに全盛期を過ぎ、若手左腕の宮本和知《かずとも》は当初伸び悩み、86年ドラフトではアマ屈指のサウスポー阿波野秀幸（亜細亜大）に1位入札するも抽選で外した。そこで、88年ドラフト会議で1位指名したのが、即戦力の呼び声高い吉田修司（北海道拓殖銀行）である。

ソウル五輪の野球銀メダルに貢献した22歳左腕は、川崎憲次郎（津久見高）の外れ1位だったが、背番号19を貰い、1年目のグアムキャンプメンバーにチーム史上初めて新人投手として抜擢される。直球は140キロそこそこもカーブ、シュート、スライダー、フォーク、スクリューと球種が多く、「変化球があって、同じフォームで投げられるから、左バッターにはまず打たれないんだ。ノンプロでの記録もそういうことらしいし、ワンポイントでというのが一番の近道じゃないかな」と当時の「週刊ベースボール」で起用プランを語る藤田元司監督。あくまで新入社員に過剰な期待はしないよと。ドラ1投手に対して先発ローテやクローザーではなく、ワンポイントでよしとする余裕が当時の巨人投手陣にはあったわけだ。

吉田はキャンプ後半に左ヒジを痛め出遅れるが、89年7月9日に初の一軍昇格。8月

2日のヤクルト戦では本拠地でプロ初勝利。23日のヤクルト戦では寝違えの斎藤に代わり初の先発マウンドにも上がった。主に敗戦処理的な役割で経験を積んだルーキーイヤーは10試合に投げて、1勝0敗、防御率1・13。チームは8年ぶりの日本一に輝き、自身は近鉄との日本シリーズでもリリーフ登板。上々のプロ生活のスタートとなった。

ダイエーへトレード

飛躍が期待された2年目は序盤から中継ぎで起用され、チーム23試合消化時で9試合、2勝1敗1セーブ。「週刊ベースボール」90年5月21日号のモノクロ・グラビア「旬の香り」コーナーにも取り上げられ、「(新人の)去年は点差の開いた場面でばかり投げさせられてきましたからね。しかし、今年はいい場面でも投げさせてもらえるので、やりがいがありますよ。まあ、ボクもワンランク進歩したということでしょうね」と手応えを口にする吉田だったが、ペナントが進むにつれて徐々に出番が減っていく。

自チームの先発陣が凄まじい勢いで、完投・完封を積み重ねていったのである。90年シーズン、巨人のチーム完投数は130試合制でなんと「70」に達した。2年連続20勝の「平成の大エース」斎藤雅樹を筆頭に二ケタ勝利投手5名を輩出し、左腕の宮本も桑田と並ぶ14勝とブレイク。12球団トップのチーム防御率は2・83を記録し、一軍で投げた投手は年間でわずか10人と藤田監督はとことん先発完投にこだわった。最終的に88勝42敗で2位広島に22ゲーム差をつけての大独走Vである（しかし、史上最速でリーグVを決めてしまったため期間の空いた日本シリーズでは西武にあっさり4連敗を喫した）。

数少ないチャンスでも、吉田は6月3日の広島戦に先発起用されると7回まで1安打無失点の快投。8回途中、木田にマウンドを譲り初完封こそ逃したが、首脳陣には「谷間の吉田」と評価される。しかし、だ。これだけの投球をしても先発ローテ定着とはならず。皮肉なことに、その使い勝手の良さを買われる一方で、便利屋的な困ったときの保険扱いをされてしまう。

2年目は21試合で3勝3敗1セーブ、防御率3・69。3年目の91年は11登板中6試合で先発起用されたが、2勝に終わる。もともと母親が「男ひとりで姉がいて、気性のやさしい子」とプロ入り時に心配するほどで、キャンプでも飛ばしてアピールするライバルたちを尻目に「最後に勝てばいいんですから」と淡々とスロー調整を続けるマイペース左腕。

93年から復帰した長嶋茂雄監督は元気のいい選手を好むとよく言われたが、もはや吉田のチャンスはゼロに近かった。FA制度や逆指名ドラフトで巨人の大型補強路線が始まるのもこの頃だ。背番号54に変更した93年は、イースタン・リーグの最多勝獲得も一軍登板なし。94年5月13日の横浜戦では4番手としてハマスタのマウンドに上がると、8回に10失点の大炎上。他の投手を起用したくなかったチーム事情はあれど、ひとりで9連続被安打は史上2人目の屈辱だった。元ドラ1左腕はいわばミスターから見切られた形となり、この約1カ月後にダイエーの岸川勝也《かつや》との交換トレードで巨人を去る。

30代で最多ホールドを獲得

27歳での移籍通告。6年間でわずか6勝。それでも、3年連続20本塁打を記録したこともある岸川との1対1のトレードからも分かるように、吉田の潜在能力は新天地でも高く評価されていた。ダイエーの指揮を執る根本陸夫は西武管理部長時代に、高校生の吉田をマークしていたという。

翌95年には巨人ではすれ違いの形になった王貞治新監督がやってくる。しかし、吉田は持病の股関節痛に悩まされ、96年はわずか1試合の登板……。気が付けば、すでに30歳だ。年老いたわけではないが、若さをウリにできる年齢ではないのも確かだ。人は若

吉田修司（時事通信社）

さを失ったとき初めて、その先の己の人生と向き合うハメになる。もう吉田は終わった。多くの野球ファンはそう思ったのではないだろうか。

だが、男の運命なんて一寸先はどうなるか分からない――。

元ドラ1左腕はプライドをかなぐり捨て、オレは何も終わっちゃいないと97年に左打者用のワンポイントに活路を見出す。49試合、4勝3敗3セーブ、防御率3・40。オリックスのイチローに対しても8打数1安打と抑え込んだ。

そして、迎えたプロ10年目。98年シーズンは63試合に投げ、防御率2・10と安定した投球で、最多ホールドのタイトルを獲得。夏場には代役守護神も務め5試合連続セーブも挙げた。王監督が「修司は単なる中継ぎというより、岡本（克道《かつのり》）、ウィリアムズらの抑えにつなげる大事なセットアッパーだよ」と絶大な信頼を寄せ、当時の「週刊ベースボール」でも「王ダイエーの21年ぶりのAクラス入りを縁の下から支えた吉田こそチームのMVPと言っても、チームメイトもファンも納得するだろう」と絶賛している。

王監督の勝利の方程式に

ダイエーは99年に悲願の初優勝。2000年にもリーグV2を達成するが、キャリアハイの69試合登板を果たした吉田はオールスターに監督推薦で選ばれ、城島健司との最優秀バッテリー賞も受賞した。

01年には二度目の最多ホールドに輝き、リーグを代表するセットアッパーの地位を確立するが、吉田がプロ入りした頃とは球界の環境も激変していた。先発完投が当たり前の平成初期から10年近く経ち、各球団ブルペンの〝勝利の方程式〟継投が常識となる。経験と度胸のある左のリリーバーの価値も上がった。いわば時代の流れが決して諦めなかった男に味方したのだ。00年のダイエーは優勝チームに二ケタ勝利投手が一人もいないという2リーグ分立後初の珍記録が話題になったが、工藤公康《きみやす》がFA移籍してエース不在の中、ダイエーのブルペンをど真ん中で支えた背番号49の仕事人はこんな言葉を残している。

「先発投手は、オレらにつなげば何とかなると思っているし、オレらは、（抑えの）ペドラザにつなげば、と思っている。いい意味での信頼関係だよね」（『リリーフ投手列伝』ベースボール・マガジン社）

心身ともにタフな仕事で、ホークスのリリーフ陣の顔ぶれは毎年のように変わったが、03年まで6年連続の50試合以上登板と吉田だけは常に不動の存在だった。20代はほとんどチャンスをもらえず、移籍先でも30歳までくすぶった。それでも、30代にワンポイント稼業から成り上がり、移籍時は1200万円だった年俸も1億円の大台を突破したプロ野球選手がいる。

吉田修司、通算533試合に投げた鉄腕である。

2．新人王が球界最年長投手へ
――長冨浩志（1985～2002、広島～日本ハム～ダイエー）

KKコンビへの対抗心

「入団発表はそんなに早くしないと思うんですよ。12月15日に会社のボーナスが出るんです。だからその後になるんじゃないかな。やっぱり、現在はサラリーマンですから。ボーナスはもらいたいですよ（笑）」

雑誌「現代」1986（昭和61）年1月号のインタビューで、そう笑うのは広島からドラフト1位指名を受けた直後の長冨浩志である。

NTT関東では、計画部管理課管理係に籍を置き、書類の整理などデスクワーク仕事を野球シーズン中は朝の8時半からお昼まで、オフは17時までこなす。月給は手取りで11万円ほどだが、そのほとんどは飲み代で消える。休日は本を読んでいるか、酒を飲んでいるか、デートするか……という普通の若手社会人と変わらない生活を送る男の手元に、いきなり数千万円の契約金が転がり込んでくるわけだが、父親と弟が銀行勤めなので二等分で貯金すると飄々と語る新人類右腕。しかし、85年ドラフト会議で話題を集めたPL学園の清原和博と桑田真澄について聞かれると、対抗心を露にする。

「ボクよりも年下でしょう。桑田や清原なんかは六つも下。そんな高校生と比較されたら、大学出（国士舘大4年時にロッテ3位指名を拒否）の社会人のボクとしては不満ですよね。ドラフト前のスポーツ紙なんかでは清原1億円で桑田は7000万円なんて書かれていましたよね、契約金が……。ああいうのってアタマにきますよね（笑）」

「週刊ベースボール」86年1月20日号のヤクルト1位・伊東昭光との〝ルーキー新春対談〟企画では、巨人の四番・原辰徳に対して、「あえていわしてもらえばね、情けないって感じですからね」とナチュラルに挑発。まだSNSもない時代、炎上知らずのあの頃のルーキーたちはビッグマウスだった。長富は春季キャンプでも、「ボクは開幕に合わせて調整する」なんて大エースのようなコメントを残し、それを新聞報道で知った阿《あ》南準郎《なんじゅんろう》監督を「ルーキーが生意気な！」と激怒させる騒動を起こしている。

ルーキーイヤーに新人王を獲得

だが、長冨はそれで萎縮するようなタマじゃなかった。先発ではなく、開幕2戦目から中継ぎ起用されるも、マウンドに来た田中尊《たかし》ヘッドコーチに向かって「ボク、つまんないっす」なんて愚痴る強心臓ぶりを発揮。打者に集中したいから、けん制球のサインを無視して投げたら、ベンチに戻り先輩選手に「みんなチームでやっとんじゃ！」とブチギレられた。それでも実力は本物で、4月17日のヤクルト戦では2番手として7回14奪三振の快投。150キロ台の速球を連発してプロ初勝利を挙げ、周囲を驚かせたが、この日は腰を痛めてコルセットをしてマウンドへ上がっていたという。

なお、チームが巨人と激しい優勝争いを繰り広げていた86年シーズン、夏場に投手陣の救世主となったのは背番号16だった。先発では剛速球やスライダーだけでなく、ゆるいカーブを効果的に使うことを覚え、8月12日の初先発以降は10試合で6完投、1完封含む8連勝の快進撃を見せる。マスコミが王貞治の監督初Vに向けて盛り上がる中、ペナント終盤に逆転した広島は130試合制の129試合目で優勝決定。王巨人はリーグ最多の75勝を挙げるも、勝率で3厘下回り悲願のV1を逃す。長冨は30試合に投げ10勝2敗2セーブ、防御率3・04で新人王を獲得した。当時のナイフみたいに尖った自分について、のちに「週刊ベースボール」の別冊「よみがえる1980年代のプロ野球」1

986年編の取材でこう回想している。

「自分一人でやってるわけじゃないし、点を取ってもらわなきゃ勝てないし、周りの方に助けてもらわないと。まあその辺は、優勝争いをやっていく中で、尖っていたものがそがれていきましたよね。一人だけ突っ張っていてもしょうがないですからね（笑）」

いわば、ビッグマウスの生意気盛りのルーキーは、戦う中でプロ野球選手になっていった。なお、打っては40打数12安打の打率・300、6打点をマークするラッキーボーイぶりも発揮。しかし、投手王国・広島で次代のエースを担うと期待された25歳は、87年の4月、9回途中までリードしていた試合で味方のエラーをきっかけに追いつかれ、延長で負けてから、思いのほか精神的にその悔しさを引きずってしまう。持ち味の思い切りの良さを失い、しばらく勝てなくなってしまうのだ。毎日のように試合のあるプロでは、コンディション維持だけでなく、気持ちの切り替えの大切さを知った。

志願の日本ハム移籍

2年目と右ヒジ痛を抱えた3年目はそれぞれ5勝と伸び悩むも、このままじゃオレは終わってしまう……と奮起した89年には自身初の規定投球回に到達して、オールスターにも出場。そこから2年連続の二ケタ勝利と盛り返すと、91年は初の開幕投手も務めた。先発と中継ぎをこなした92年も33試合で11勝10敗と勝ち越すが、防御率4・56と苦しみ、翌93年は4勝止まり。30歳を過ぎて自慢の球威に衰えが目立ち、徐々に出番を減らしていく。

「今までどおりだったら、(広島の)首脳陣のボクへの評価は変わらないでしょ。大幅に変わらないと、再び戦力として見てくれないじゃないですか」と現状に行き詰まりを感じていた長冨は、わずか2勝に終わった94年オフに自ら職場を変えることを希望し、木村拓也との交換トレードで日本ハムへ移籍。さっそく上田利治監督から投球を見てみたいとラブコールを受け、急遽秋季キャンプにも途中参加。年末に都内の新居への引っ越しもすませ、ルーキー時代のような気持ちでプロ10年目の95年シーズンを迎える。ここで長冨は、過去の栄光を捨て、技巧派として生き残ることを決意するのだ。

「FA宣言をして広島を出たわけではないので、日本ハム側に『先発で投げさせてください』なんて自分のわがままを言うわけにもいかないじゃないですか。そこは気持ちを切り替えて、『その監督が望むようにしよう』『チームの一つのピースになろう』って決めたんです」(『Alpen Group Magazine』長冨浩志インタビューより)

いつの時代も、腹をくくったベテランはしぶとい。前年の17試合から大きく出番を増やし、日本ハム1年目は44試合で7勝7敗2セーブ、防御率2・62と中継ぎで復活してみせる。スライダー中心の組み立てで、やがて腕を下げ、必死に一軍で生き残った。だが、キャリアハイの56試合に登板して、防御率2・26の好成績を残した97年オフにチームの若返りの方針もあり、まさかの戦力外通告を受けてしまう。

来年には37歳、ここで終わりなのか……。だが、男の運命なんて一寸先はどうなるか分からない――。

王ダイエーを支えた最年長投手

そんな崖っぷちの右腕に救いの手を差し伸べ、金銭トレードでの獲得を申し込んだのがダイエーの王貞治監督だった。年俸も現状維持の4850万円を提示してもらい、背番号22を与えられた長冨は、単身赴任ではなく家族5人で福岡へ引っ越した。98年は春季キャンプからチーム最年長投手として張り切るが、右太ももを痛め開幕二軍スタート。5月下旬に一軍昇格するも5試合で防御率7・71と結果は出ず、再び降格してしまう。だが、野球は筋書きのないドラマだ。結果的にこの失敗が、37歳の逆転野球人生へのきっかけとなる。

プロ13年目の長富は諦めなかった。ファーム落ちしている間にサイドスローから、新人時代と同じスリークォーターへ再モデルチェンジを決断するのだ。小さくスッと曲がるスライダーを投げるために試行錯誤を繰り返し、王の助言もありこのフォームに辿り着いた。横手投げでは135キロがやっとだった球速が、原点回帰で140キロ台を軽く超えるまでに回復。「若い頃はこれでも151キロは投げていたんですよ。140キロくらいは、まだ出ますよ」と前を向いた。7月19日に一軍再昇格をすると、チームがV争いを繰り広げた9月には5連投をこなすなど、後半戦だけで28試合に投げまくり、3セーブ、8ホールド。防御率1・29の抜群の安定度を誇り、球団21年ぶりのAクラス入りを実現させる。

長富浩志（時事通信社）

働き場所はどこでもいい。オレは

勝ちたいんだ。「やっぱりビールかけはいいですからね。もう一度やりたいですよ。とにかく優勝争いじゃなく、優勝しないと何にもならないんです」と長冨節でナインを鼓舞。試合中に若手捕手の城島健司の配球に対して頭ごなしに否定するのではなく、実際にサイン通り投げた上で、ベンチに戻ってから意見を伝え成長を促した。充実のシーズンを過ごした長冨はペナント終了後のある日、王監督から「よく頑張ってくれた。上手投げに変えて良かったな」とねぎらいの言葉をかけられたという。

就任4年目で初の3位と飛躍のきっかけを掴んだ王ダイエーは、翌99年に初リーグ優勝と日本一を達成。長冨自身は不振だったが、2000年には中継ぎが困った時のスーパーサブ的な存在として、再び38試合に投げて防御率2・00とチームのV2に貢献した。

気が付けば、15年近く前に王巨人の初Vを阻止したビッグマウスの新人投手は、フォア・ザ・チームを体現する球界最年長のベテラン投手へと成長して、王ダイエーのブルペンを愚直に支えたのである。

3．33歳の新天地で劇的復活
――鹿取義隆（1978～97、巨人～西武）

王巨人を支えたタフなサイドハンド

「おまえはジャイアントに行け」

1978（昭和53）年秋、明大4年の鹿取義隆は島岡吉郎《きちろう》監督に呼び出され、そう告げられた。もちろん、ジャイアント馬場率いる全日本プロレスではなく、読売ジャイアンツのことである（なぜか島岡御大は巨人のことを〝ジャイアント〟と呼んでいたという）。鹿取の著書『救援力　リリーフ投手の極意』（ベースボール・マガジン社新書）によると、華々しく野球部が創部されたばかりのプリンスホテルにも心動いたが、すでに日本鋼管に内定を貰っていた。しかし、ひとりの怪物投手の去就によって運命は大きく変わる。

江川卓の〝空白の1日〟事件である。江川の入団が認められなかった巨人は78年ドラフト会議をボイコット。すると巨人の沢田幸夫スカウトは明大ＯＢのルートからドラフト外で鹿取の獲得に動く。「(中日1位で明大同期の)高橋三千丈《みちたけ》とほぼ同じ条件を出すから、入団を考えてくれ」と口説いたという。

結果的に大学時代は1学年上の「打倒・江川」に燃えたサイド右腕は、巨人でその怪物投手と同僚となった。長嶋茂雄監督は胸を指して「あいつは〝ここ〟がいいよ」と鹿取のピンチにも動じない強心臓ぶりと肩の出来上がりの早さを評価して、1年目から中継ぎで38試合に起用。秋に伝説の伊東キャンプで鍛えられると、2年目も51試合で防御率1・78と飛躍する。

しかし、その80年限りでミスターが監督辞任。投手の先発完投を掲げる藤田元司新監督のもとで、鹿取は右手小指骨折のアクシデントに見舞われたこともあり、登板機会は激減してしまう。81年22試合、82年21試合。ときにローテの谷間で先発起用され、83年には大洋戦で164球の2失点完投勝利をあげたこともあったが定着はならず。藤田監督からはアンダースロー転向をすすめられたが、長年サイドハンドで投げ続けてきたため体が悲鳴を上げ1カ月で断念した。

だが、鹿取がプロ6年目を迎えた84年、球団創設50周年イヤーに満を持して王貞治が巨人監督に就任する。とにかく王采配は鹿取を重宝した。右ヒジ痛や腰痛もあったが、背番号29は王政権5年間で計275試合に投げまくり、当時「東京ドームができたら長嶋さんの銅像には『巨人軍は永久に不滅です』と彫られ、王さんの銅像には『ピッチャー鹿取』と刻まれる」なんて4コマ漫画が描かれたほどだ。

140キロ台前半のキレのいい直球に加え、シンカー、スライダー、シュート、カーブと多彩な変化球を操り、連投や回またぎ（86年は59登板で101投球回）もこなせる無類のタフガイ。当時のマスコミは、酷使されることを「カトラレル」と名付け、どんな起用法でも黙々とグチひとつもらさず投げる鹿取を〝サラリーマンの鑑〟と称した。「現代」87年9月号では「スーパースターでも一匹狼でもない、この地味なサラリーマン投手に、王監督はたよりきっている」とマウンド処世訓を報じ、夏バテを乗り切る「鹿取夫人のパワー手料理」特集を組んだ。30歳での大ブレイクだ。

リーグ優勝した87年にはオールスターにも初出場。セ最多の63登板でMVP投票は山倉和博に次いでわずか3点差の2位にランクインする。このとき、1位票は山倉より6票も多かった。

藤田監督の下で登板数が激減

あの頃、バブルに突っ走る好景気のニッポンで、24時間戦える鹿取のような投手は時代の空気と合っていた。ドラフト外上がりの筋肉マンは負けず嫌いで几帳面な性格。投手陣の会計係を担当し、サイン見落としなどの罰金を徴収する際も、鹿取が行くとみんな素直に払い、罰金用の預金通帳に積み立てていく。コツコツと努力と貯金を重ね、投げられるうちが花だと雨の日も風の日もマウンドへ上がる。鹿取はその心身ともにハードな仕事を継続してこなすコツを「週刊ベースボール」88年2月8日号のインタビューでこう答えている。

「ゲームを見ていても、決してその中に入って行かない。何を投げるのか、なんて考えてたら熱くなって、自分の登板前に疲れちゃいますからね。目で追っていても、深く考えないんですよ。で、登板が近づくと、モニターテレビのところから離れて、ブルペンで投げ始めるでしょ。そうしたら、あれこれ考え始める。そして、マウンドに上がったら、ゲームの展開とか流れを知ってる山倉さんのリードにすべて、まかせるんです」

ちなみにこのインタビューでは、自身の給料額を振り返り「ボクは、最初は360万円です、10年前に。560万円、480万円、720万円、900万円の順だったですからね」とさすが会計係という記憶力を披露。年俸5300万円と名実ともに一流選手の仲間入りを果たした88年はクローザーを任され、王巨人のラストゲームでウイニングボールを世界の王に手渡したのは背番号29だった。

「オレはたくさんホームランを打って、いろんな記念ボールがあるけれど、一個も手元にない。みんな、どこかに飾られているんだ。だから、これを大事に、持っていたい」なんて寂しく笑うビッグワンとの別れ。そして、89年から藤田監督が復帰するわけだ。この年のチーム完投数は130試合制で驚異の69を記録。斎藤雅樹、桑田真澄、槙原寛己ら若い先発投手陣を擁するチームは8年ぶりの日本一に輝くが、鹿取の登板数は前年の45から21へと一気に減った。

組織が急激な若返りを図る世代交代の真っ只中、同学年の西本聖や角盈男（三男）はすでにトレードで他球団へ去った。32歳右腕の移籍話も当然スポーツ紙を賑わす。誰だって職場で自分の立場が危うくなれば薄々気付く。次はオレの順番かもしれない……と。日本シリーズへ向けた練習が始まろうとした時、スポーツ紙の一面に「鹿取放出」なんて見出しが躍る。練習中、鹿取が藤田監督に真意を尋ねると、「出てもいいよ。もうひと花咲かせたいならね」という素っ気ないものだった。事実上の構想外。もうこのチームにオレの働き場所はないのか。そう悟ったベテランは「わかりました。出たいと思います」と答えた。

〝30代の異動〟を成功

その後、投手コーチから残留要請もあったが固辞。市立高知商の先輩で大洋の指揮を執る須藤豊が獲得を希望するも、さすがに同リーグへの放出ではなく、西岡良洋《よしひろ》との交換トレードで西武ライオンズへの移籍が決まる。当時の球界事情では巨人からパ・リーグへ出されると「左遷」や「都落ち」的な視線で見られた。だが、男の運命なんて一寸先はどうなるか分からない——。

33歳の鹿取は、新天地で劇的な復活を遂げるのだ。森祇晶監督や黒江透修《ゆきのぶ》ヘッドコーチら巨人OBが顔を揃える首脳陣からは大事に使われ、バックを守る味方の鉄壁守備陣にも助けられ、当時のNPB新記録となる10試合連続セーブを含む27セーブポイントを記録。意外にも自身初となる最優秀救援投手を受賞する。日本シリーズでは自分を見切った古巣の巨人を4連勝で一蹴。痛快な逆転野球人生だ。ここでもサラリーマンの鑑は、〝30代の異動〟を成功させてみせた。

のちに森監督は自身の回想録の中で、抑え不在のチーム事情から、現役時代にバッテリーを組んだこともある藤田監督に鹿取のトレードを打診したところ、感触がよかったのでフロントの根本（陸夫）に交換選手の検討をお願いしたと裏側を明かしている。

「数字的な働きもさることながら、人間的にもしっかりしていた。若い投手にはいい兄貴分になった。若い投手は、鹿取の練習方法やコンディション作りをお手本にした。鹿取は実にプロらしい選手であった」

鹿取義隆（共同通信社）

そう守護神を称賛する指揮官は、連続セーブ記録の際は細心の注意を払って登板させたという。鹿取本人も、先述の『救援力』の中で「あえてつくらせてくれた記録なのです。去年ダメだった投手を再生した、という事実を見せたかったのでは、とも推測しています。だから、私に言わせれば、森監督とチームの記録と捉えていました」と振り返っている。

いわば、抑えの鹿取の加入は黄金時代の西武のラストピースでもあった。最強西武は圧倒的な強さで90年から3年連続日本一にリーグV5を達成。92年の終盤、記者から「誰がMVPか」と聞かれた森監督はこう答えている。

「野球担当の記者がどこを見ているかだけど、オレなら鹿取に入れるかもしれないな。考えてみな。いったい、鹿取のおかげで、何試合を拾うことができたのかを」

ボスから絶大な信頼を寄せられたベテラン右腕は、年俸も1億円に到達。真っすぐに見えるスライダー、シンカーに似た左打者の外側に逃げるパームと年々引き出しを増やし、93年にはひと回り年下の潮崎哲也や杉山賢人《けんと》ら若手と〝サンフレッチェ〟と呼ばれる勝ちパターンを担った。

94年6月8日の日本ハム戦では、先発の村田勝喜が初回の無死一、二塁の場面で腰痛のため降板。緊急登板した背番号26の仕事人は、最初の打者にこそヒットを許すも、なんと9回1安打の自責点0で最後まで投げきった。

ドラフト外で史上最多登板

30代半ばから後半にかけても毎年40試合以上投げ、96年には江夏豊を抜く、通算21

1セーブポイントの当時の日本記録を樹立。40歳で迎えた97年春には事実上のコーチ兼任を任されるも、左ヒザ痛を抱えていたことから開幕一軍からは外れる。

5月に一軍登録されると何試合か投げたが、マウンドでの高揚感は皆無で、打たれても悔しさを感じなくなっている自分に気付いてしまう。ヒザが痛ければ下半身の踏ん張りが利かず、リリースポイントも早くなり、本来の球筋にならない。かといって走り込みもできない。終わるときはこんなものなのかもな……。ドラフト外入団選手として史上最多となる通算７５５試合登板の鉄腕は、その年限りでユニフォームを脱いだ。

世間で名将と呼ばれた藤田のもとでは結果を残せず、ワンパターン継投と揶揄された巨人時代の王監督と新天地の森野球で甦ったサイド右腕。いつの時代も、自分と合う上司との出会いが人生を変える。

背番号26の引退試合は97年10月5日の西武球場。同じくラスト登板で元同僚の秋山幸二相手に投げた郭泰源《かくたいげん》に代わりマウンドへ。鹿取は１３９キロ直球の最後の一球を投じたが、相手ベンチからその姿を見つめるのは、ダイエーの監督に就いていた57歳の王貞治だった。男たちの野球人生は、最後に所沢で再び交差したのである。

4.〝いぶし銀〟が輝いた新天地
――奈良原浩（1990～2006、西武～日本ハム～中日）

ついたあだ名は〝コヤジ〟

決して、派手なスーパースターではない。だが、多くの監督がその男を重宝した。球界の〝いぶし銀〟奈良原浩である。1990（平成2）年ドラフト2位で西武入り。帝京高から専修大のセレクションには落ちたが、青学大で成長すると4年春には東都リーグの首位打者と打点王を獲得。日米大学野球の代表でショートを守った。合宿所の最寄り駅である東横線綱島駅の構内で売っているシウマイ弁当が好物で、定期券でホームへ入って弁当だけ買って帰るのがささやかな楽しみな青春の日々。身長168センチの小さな身体で堅実な守備は〝吉田義男二世〟と称され、新人らしからぬ風貌と落ち着きに、西武でついたあだ名は〝コヤジ〟。一方で相手ベンチのヤジには顔を真っ赤にして怒る強いハートの持ち主でもあった。

初めてのプロのキャンプで秋山幸二や平野謙の強肩に驚き、このままだったら自分なんか1年で終わってしまうと危機感を募らせるも、周囲の評価は高かった。根本陸夫管理部長は「おまえは守備でメシを食える」と褒め、森祇晶監督は「野球センスというかなあ、いいモノを持ってるよ」と背番号9のルーキーを称賛。遊撃のポジションを試合前半は打撃のいい田辺徳雄《のりお》（あだ名は〝オヤジ〟）、接戦の終盤はスーパーサブ奈良原で守備固めという起用法を度々見せた。

当時の西武は黄金期真っ只中だ。奈良原は1年目の91年から70試合に出場するとチームは2年連続の日本一に。オフには先輩の辻発彦《はつひこ》に誘われ自主トレに同行すると、貪欲に守備の名手の技術を吸収した。翌92年も当然のように日本一に輝く圧倒的な強さを誇った最強軍団において、奈良原は貴重なバックアッパーとして貢献する。92年秋のパ・リーグ東西対抗では「九番遊撃」でフル出場。2本の内野安打を含む猛打賞の活躍で優秀選手賞を受賞すると、森監督は「奈良原は、守備の人で終わってもらっては困る選手だからな」とニンマリ。他球団なら十分レギュラーを張れる実力者がベンチに控える。その選手層の厚さが常勝西武ライオンズの強みでもあった。

93年には前年の1割台から打率・248まで上昇させ、自己最多の110試合に出場。

盗塁も初の二ケタに乗せ、悲願のレギュラー定着に近付くも、翌94年の5月に一塁へ駆け込んだ際転倒して、左鎖骨骨折の重傷を負ってしまう。この怪我で肩の周りの筋肉が落ちてしまい体のバランスが崩れ、復帰後も打撃の感覚に苦しんだ。

それでも〝和製オジー・スミス〟と呼ばれる守備のスペシャリストぶりは健在で、伊原春樹守備走塁コーチは「野球は打つだけが能じゃない。ああいう選手が必要なんだ」と絶大な信頼を寄せた。森祇晶監督や最強ナインが続々とチームを去り、リーグV5を成し遂げた黄金時代は終わりを告げたが、二遊間を高いレベルで守れる背番号9の存在感は増していく。

守備職人への熱い視線

東尾修監督の新チームでも奈良原は95年、96年と2年続けて100試合以上に出場。20代後半で年俸は5000万円近くまで到達し、95年春には結婚して家庭を持った。96年7月18日の日本ハム戦で放った通算863打席目の遅いプロ初アーチが紙面を賑わせ、尊敬する辻の背番号5も継承する。誰もが華やかなスーパースターになれるわけではない。脇役としてチームを支える選手だって勝つためには必要だ。清原和博がFAで巨人に移籍すると、入れ替わるように遊撃手の松井稼頭央《かずお》というスター候補生が現れる。プロ入り後に野手転向した松井にとって、奈良原はまさに生きた教科書だったと自著『メジャー最終兵器』（双葉社）で語る。

「同じショートで名手と言われる奈良原さんの守備は、溜息が出るほど上手でした。グローブを垂直に置いて、胸の前にすくって投げるんですが、『あれ？ いつの間に投げたんやろ』と思うほど動きにスピードがありました。一緒にノックを受けるのが恥ずかしくなるほどでした。でも、奈良原さんの動きを、後ろからじっくり見させていただいて、なんとか少しでも近づけるようにと、真似をさせてもらいました」

この逸材・松井に加えて、戦国東都リーグ出身の高木浩之という実力派の若い二塁手も台頭してきた。97年の奈良原は出場100試合を切り、打席数も前年より半減したが、若返った東尾西武はリーグ優勝を達成。29歳の奈良原に求められる仕事は彼らのバックアップだ。組織の中で黙々とひとつの役割をこなす。プロとして、そういう生き方もある。決して満足はしていないが、不満があるわけじゃない。三十路前の中堅社員のリアルだ。

だが、男の運命なんて一寸先はどうなるか分からない――。

シーズン中、相手ベンチから熟練の守備職人に熱い視線をそそぐ監督がいた。日本ハムを率いる上田利治である。97年オフ、この年故障に泣き3勝に終わった日本ハムの元エース西崎幸広《ゆきひろ》が事実上の戦力外通告を受け、トレード要員として名前が挙がる。

球団側は西武とダイエーの2球団と水面下で交渉を続けてきたが、上田にはどうしても欲しい選手がいた。ライオンズの背番号5である。西武側は交換相手に石井丈裕《たけひろ》か新谷博と提案してきたが、名将はなんとか奈良原を加えてほしいと強く希望するのだ。その理由をのちに『日本プロ野球トレード大鑑1936▽2001』（ベースボール・マガジン社）のインタビューでこう明かしている。

「彼は職人芸と言っていい内野手でもちろん戦力的な補強でもあるんですが、もう一つ西武の機密事項を知りたかったこともあった。ライバルである西武は攻守にどんな指令を出しているのか、三塁コーチの伊原（春樹）コーチのクセ、仕種の解剖とか、そういうことを奈良原を通じて知りたかった。それもまたトレードの一つの目的でもあるんです」

要は西武野球の申し子・奈良原のプレーだけでなく、頭脳も欲しかったのだ。「監督というものはチームを〝こういうふうにしたい〟と決断した時には非情に徹しなければならない時もある。チームのために〝私〟を捨てなければならない」とまで勝ちにこだわった上田からしても、悲願のリーグVのためにどうしても必要なピースが29歳の奈良原だったのである。

新天地で初の規定打席

「戦力外通告を受けた時から、日本ハムを叩くためにパ・リーグを希望していた。見返してやりたい。目標10勝のうち8勝は日本ハムから挙げたい。復讐心がないと言えばウソになる」と入団発表で宣言した西崎とは対照的に、石井とともに日本ハムへ移籍した奈良原は「獲得してよかったと思われるように全力を尽くしたいです。もちろんレギュラーを狙うつもりで頑張ります」とプロ8年目の新天地で静かに前を向いた。

西武のぶ厚い選手層でプレーする中で、腐ったら負けだと学んだ。いつ何時も冷静にプレーするその姿に惚れ込み、「彼が取れなかったらトレードは成立せんかったかもしれん」とまで熱烈歓迎した上田監督は、98年シーズンが開幕すると二塁・金子誠の不振、遊撃・田中幸雄《ゆきお》の故障でペナント序盤から奈良原を連日スタメン起用する。

5月に30歳の誕生日を迎え、「週刊ベースボール」の取材に「昔の方が年上に見られ

奈良原浩（時事通信社）

ていたんだよ。高校の時から30歳ぐらいに見られていた。高校時代にパスポートを作ったんだけど、髪が七・三分けになっちゃって、これはやばいと思った」なんてコヤジギャグを披露する一方で、6月に入るまで打率3割台をキープ。「恥ずかしい話ですが、この年になって初めて夏バテを知りました。だってこんなに疲れるほど、試合に出たことないんですから」と照れ笑いをかます充実の日本ハムでの新生活だ。

連戦が続くと疲労から頭で考えていることが、手や足の指先まで伝わらず体が動かない。小さくてがっちりした体格でもない自分が、プロ野球で年間を通して戦う過酷さに驚きながらも、愛妻の手料理でなんとか乗り切った。終わってみれば「規定打席なんて、もう無理だと思っていました」と自身も驚く年間464打席に立ち、自己最多を大きく更新する128試合に出場。打率・280、30盗塁、36犠打と〝ビッグバン打線〟のつなぎ役を担った。初めて味わうレギュラーで試合に出続ける喜び。それでも古巣西武とのV争いに競り負けると、「悔しいです。見返したい気持ちもありましたが、日本ハムの一員として悔しいです」と激動の1年を振り返った。

背番号4はその後も日本ハムの貴重なバイプレーヤーとして、歴代の監督たちから頼られ、プロ10年目を終えた2000年オフにはFA宣言をして日本ハム残留。3年契約を結び、のちに主将も務めた。06年途中、金銭トレードで中日へ移籍すると、同年の日本シリーズで古巣日本ハムと対戦して、現役生活にピリオドを打った。

正直、派手さはない。見栄えのいい豪快な一発とも無縁だ。だが、普通のゴロを確実に処理する積み重ねで、奈良原浩は30代の逆転野球人生を実現させたのである。

5. 30代半ばで球速アップ、最多登板
——香田勲男（1983〜2001、巨人〜近鉄）

運命を変えた新球種

その投手は、たった1試合で全国区のスター選手となった。

1989（平成元）年10月25日、日本シリーズ第4戦で3安打完封勝利を飾った巨人の香田《こうだ》勲男《いさお》である。近鉄の3連勝で迎えた崖っぷちの一戦で先発マウンドに上がった香田は、80キロ台の超スローカーブを駆使して猛牛打線を抑え込む。前日のお立ち台で加藤哲郎《てつろう》が「まあ大したことなかったですね。もちろんシーズンのほうがよっぽどしんどかったですからね。相手も強いし」なんて発言したことに対して、「このままじゃジャイアンツの名がすたると思って踏ん張りました」と意地を見せた背番号48。ここから巨人は怒りの4連勝で8年ぶりの日本一に輝いた。負けたら終わりの第4戦でエースの斎藤雅樹や桑田真澄ではなく、読売新聞社名誉会長（当時）の務《む》台《たい》光雄《みつお》から反対されても、

初志貫徹でその年7勝の右腕を先発させた藤田元司監督は、「香田は右肩を手術して地獄を見ている。そんな香田の耐えた強さにかけた面があった」と理由を明かした。

香田は83年ドラフト2位でプロ入り。2巡目の池山隆寛（市立尼崎高）を抽選で外した巨人は、1位の水野雄仁（池田高）に続いて高校生投手を指名した。佐世保工高のエースとして甲子園に出場した際には、「1試合勝つごとに、おじいちゃんから1万円もらう約束してるんですよ、エヘ」なんて笑う九州の逸材は、1年目からイースタンの西武戦でノーヒットノーランを達成。鋭いシュートがウリで〝西本二世〟と称する声もあった。2年目に一軍で初登板、3年目にはプロ初勝利と順調にステップアップしていくが、持病の右肩の痛みに悩まされ、86年秋にアメリカで手術を受け、任意引退扱いとなり練習生に。翌年はリハビリ生活に明け暮れたが、9月下旬の米教育リーグで復帰登板。試合後に香田はナインから胴上げされ、感極まって涙を流した。

王巨人ラストイヤーの88年は、ヤクルト戦での完封勝利を含む4勝を挙げ手応えを感じていたが、藤田監督が復帰した89年シーズンの5月、阪神のセシル・フィルダーに看板直撃の特大アーチを打たれ二軍落ち。ここで、香田はこれまでのカーブを30キロ近く減速させた、タテに大きく曲がり落ちるスローカーブを習得する。

「実はフィルダー対策で必死にマスターしたんです。ドームで左翼のカベにぶち当てられた大ホームランを打たれた。緩い球なら、あそこまで飛ぶことも、まずないですからね」

当時の「週刊ベースボール」で手応えを語ったが、この新球種が香田の運命を変えた。打者のアゴは上がりアッパースイングになり、タイミングが狂う。東京ドームのスピードガンは100キロ以下が計測されないため、計測不可能な魔球として話題になった。

夏場に一軍再昇格すると、先発で2試合連続完封。さらに日本シリーズでは、第4戦の完封に続き、大一番の第7戦でも先発すると勝利投手に。フィルダー対策の投球スタイルは、パ・リーグ本塁打王のラルフ・ブライアントをも6打数無安打と翻弄した。

当時の日本シリーズはまさに日本中が注目する国民的行事。わずか数日の間に全国区のスター選手となった香田は、ファン感謝デーでゴールデン・ジャイアンツ賞の車を贈られ、OB会のMVPにも選出。12月には高校時代の文通から始まった愛しの彼女と結婚式を挙げた。新宿のヒルトンホテルで開かれた豪華披露宴で、「親孝行をすることを誓いますか」とドスの利いた声でスピーチを行ったのは〝ハマコー〟こと浜田幸一衆議院議員である。翌90年には第一子誕生に自身初の二ケタ勝利到達。11勝をマークして、リーグ4位の防御率2・90と25歳の香田はまさに人生の絶頂にいた。

格好のトレード候補に

しかし、だ。当時の巨人は、斎藤・桑田・槙原の球史に残る三本柱の全盛期。首脳陣は先発ローテを彼ら中心に回し、名古屋遠征中、香田の先発予定が当日の球場に向かうバスの中で通告されることもあったという。92年は0勝に終わり、長嶋茂雄監督が復帰した93年に8勝と復調したかに思えたが、94年は中盤から出番が激減してブルペン待機というケースも増えた。チームは日本一に輝くも、自身の成績は2勝3敗1セーブ、防御率4・46と低迷して敗戦処理のような起用法もされた。その理由を堀内恒夫投手コーチは「週刊ベースボール」の長嶋ジャイアンツの優勝記念号でこう語る。

「去年は早々に優勝争いから脱落していっただろ。ところが今年は、ずっとトップを走っていて、（追い上げられた）終盤もキツい展開が続いた。こうなってしまうと、どうしても斎藤、桑田、槙原の3本柱中心のローテーションでいかざるをえなくなる。だから、犠牲になってもらうヤツが出てしまうんだ」

組織の事情で出番が限られるも二ケタ勝利経験のある29歳右腕、いわば他球団も注目する格好のトレード候補である。堀内コーチが長嶋監督に「香田の働き場所を探してやってください……」と懇願したのは、日本シリーズ終了直後だったという。

左投手を求めていたチーム事情もあり、94年11月7日、近鉄の阿波野秀幸との交換トレードが発表される。当然、人気球団の巨人を出されるのに不満がなかったと言えばウソになる。だが、香田にはそれ以上の危機感があった。このままだとオレは終わってしまうという不安である。『元・巨人』では、移籍決定時の心境をこう明かしている。

「年齢的にピッチャーとしての転換期みたいな時期に、そういう話がきた。だから逆に、前向きに受け止めることができました。／巨人で一生懸命やっているんだけど、なかなか数字が残らなくなってきてましたし、自分の中で、『なんとかしなくちゃいけない』という、焦りがあった。その『なんとかする』ためのひとつの方法として、『環境を変えてみるのもいいかな』と考えることができたんです」

まるでサラリーマンが転職サイトに登録する志望動機のようなコメントを残しつつ、香田は巨人の宮崎秋季キャンプに自費で向かい、首脳陣やナインに別れの挨拶をして回り、近鉄の球団事務所に入るなり「よろしくお願いします」と深々とお辞儀をした。のちに古巣から複数の選手が移籍してくるが、元巨人の選手同士で一緒に行動するのは控えようと意識したという。会社を移る転職時の社会人のふるまいとしては完璧である。

31歳が二軍でタイトル独占

だが、新天地で当初は苦労する。移籍1年目はキャンプ中の捻挫で調整が遅れ、勝ち運からも見放されるとわずか2勝。2年目の96年は4試合のみの登板で未勝利。首脳陣の「香田は球威がないから一軍では通用しないのでは」という先入観から、ほとんど干されたような状況だった。それでも香田は腐らなかった。31歳のベテランが二軍のローテをきっちり守り、11勝2敗、防御率1・54で最多勝、最優秀防御率、勝率1位とウエスタンの投手タイトルを独占してみせたのだ。

「ある程度の勝ち星（11勝）が残ったんで、体の面で自信というか、年間を通してやれる体力はまだあるな、と感じたんだ」

同じく巨人から移籍してきた石毛博史との「週刊ベースボール」97年2月10日号の「再会記念」対談で前向きに手応えを口にした香田は、「巨人の投手陣の雰囲気も良かったけど、（近鉄は）巨人の時よりも、ちょっとだけネクタイを緩めてやれるという感じかな」と元同僚の加入を歓迎する。97年の香田はサイパンキャンプで２７４球を投げ込むなどハイピッチで仕上げ、先発ローテの枠を奪うと気が付けば、前半戦のローテの勝ち頭に。プロ14年目で初のオールスターにも選ばれ、右腕に打球を受けたり、ぎっくり腰に見舞われながらも、9勝4敗、防御率3・69と復活してみせた。

しかし、プロの世界は上がるまでに時間がかかっても、落ちる時は一瞬だ。翌98年は4勝に終わり、あっさりローテの座を失った。すでに33歳。先発ではほぼ構想外で、さすがにもう厳しいか……。だが、男の運命なんて一寸先はどうなるか分からない――。

香田は再び敗戦処理から這い上がるのだ。99年は序盤から中継ぎ投手として好投を続け、自らの力でチーム内の序列を上げていく。「必死さが感じられる。香田が崩れそうになるゲームを何とか支えてくれた」と佐々木恭介監督も感謝を口にする背番号12の奮闘。どんな場面でも文句ひとつこぼさず香田は投げ続けた。

5月12日のオリックス戦では、3イニングを1安打に抑える好救援で巨人時代以来、5年ぶりのセーブをマーク。6月1日の西武戦では1対1の9回にマウンドへ上がり、味方が逆転して約1年ぶりの勝利投手に。この時期の「週刊ベースボール」に「軟投派から速球派へ珍しい〝変化〟」という香田のリポート記事があるが、それまで140キロ前後だった球速が5キロ以上増して145キロを計測したことに触れている。

30代半ばで球速アップ

実は香田は近鉄移籍後、巨人ではほとんどやらなかったウエートトレに熱心に取り組むようになっていた。自分に合わないなんて固定観念は捨て、球団を移って違う練習法を知れたと、結果が出ない時期も地道にトレーニングを続け肉体改造。やがて30代半ばで球速が劇的に増したのである。異例のプロ16年目でリリーバーとして再出発。代名詞のスローカーブではなく、勝負どころでは速球で相手をねじ伏せるニュースタイルは周囲を驚かせた。

香田勲男（時事通信社）

「昨秋から体の近くで腕を振るフォームに変えたんですよ。それに精神的にも、リリーフだと短いイニングに集中できますから、その場面にアクセル全開で行けるんです。この2つが合わさって、それがいい結果になっているんだと思います」

この年、最下位に沈む投壊状態の

近鉄で投げまくり、5勝4敗8セーブ、防御率2・44。55試合の登板はなんとチーム最多だった。練習では黙々とランニングや投げ込みをこなし、試合前には若い投手に「これまでウチは闘争心や腕を振ることをおろそかにしていた。打者にぶつかっていく気持ちが大切なんだ」と檄を飛ばした。

そんな〝諦めなかった男〟に最後のギフトが贈られる。2001年、36歳の香田は夏場に右肩痛で離脱するも、〝いてまえ打線〟が爆発して、梨田近鉄は前年最下位から劇的Vを達成するのである。気が付けば、チーム最年長投手として勝利の美酒を味わい、18年間のプロ生活に別れを告げた。

あの頃、人気絶頂の巨人からトレードされると、出されたことを根に持つ選手も多い中、香田は新天地で思い切って〝過去〟を脱ぎ捨てた。目の前の〝今〟を生きたのである。現役晩年、「週刊ベースボール」のインタビューにこんな言葉を残している。

「あのトレードは、僕にとってすごいプラスになったと思います。あのまま巨人にいたら、今ごろはユニフォームを着ていないと思うんです。それだけ僕自身が、近鉄に来て変わることができたということなんですよ」

6．元本塁打王が39歳で2000本安打達成
――大島康徳（1968〜94、中日〜日本ハム）

絶頂期に起きた事故

「そんな記録なんかいらんよ。オレはうれしくも何ともない」
かつて新記録を作ったにもかかわらず、そんな怒りのコメントを残した選手がいた。中日時代の大島康徳《やすのり》である。通算代打本塁打16本のセ・リーグ記録だったが、「ホームランを、代打で打つしかない自分が悲しいよ」と、バリバリのスタメンでいられない自分への苛立ちを隠そうとしなかった。

中学時代までバレーボールに熱中しており、中津工業高で野球を始めて、わずか2年半で中日ドラゴンズから1968（昭和43）年ドラフト3位指名を受けた。のちに名球会入り選手を7名も輩出し、空前の当たり年と言われるドラフトで、中日の1位指名はあの星野仙一だった。

高校では四番エースを務めた18歳の大島は、場外アーチを連発する身長182センチの大型スラッガーとして将来を期待される逸材だったが、初任給は月6万円の年俸72万円。この金額は同期の下位指名選手より安いと本人が知るのは入団後しばらくしてからのことである。反骨精神に火がついた大島は、プロ3年目のヤクルト戦でホームランを含む3打点の鮮烈デビュー。中日が巨人のV10を阻止して優勝した74年には、長嶋茂雄の引退試合でVパレード参加の主力組が不在だったこともあり、大島が後楽園のグラウンドでミスターへ花束を渡す大役を務めた。

76年はシーズン代打本塁打7本の日本記録を樹立。「一発長打の大島くん」と人気者になり、背番号5に出世したプロ9年目の77年には打率・333、27本塁打で三塁レギュラーを掴む。79年には自身初の130試合フル出場で「3割、30本、100打点」をクリア。159安打はリーグ最多だった。この年は主に一塁を守り、ベストナイン受賞の王貞治（巨人）より大島が打撃三部門すべてで上回っていると、物議を醸した。

29歳で迎えた絶頂期。そんな時、事件が起きる。自動車事故を起こしてしまうのである。

「大島は14日の午前2時過ぎ名古屋市東区で中央分離帯に激突。全身打撲の上、右手中

指を骨折、左眼に異物が入るなど、当分は出場不能」（「週刊文春」80年4月24日号）
実はこの時、大島の左眼には車に備え付けのシガーライターのつまみが埋まり、病院でそれを聞かされた瞬間、「自分の野球人生は終わった」とさえ覚悟する重傷だった。
だが、金属片は眼球を奇跡的にそれており、自著『振りきった、生ききった「一発長打の大島くん」の負くっか人生』（中日新聞社）によると、緊急手術を担当した医師も「あなたは運の強い人ですね。これだけの事故を起こして、失明しない人を私は見たことがありません」と驚いたという。

37歳で日本ハムへトレード

チームに迷惑をかけまいと事故後、3週間で戦列復帰したが、けじめをつけるため選手会長は辞任した。文字通り九死に一生を得た大島は、82年にリーグVに貢献すると、83年は36本塁打で山本浩二（広島）とともに本塁打王獲得。84年にも130試合すべてで四番打者を務め、30本塁打を放った。まさにミスタードラゴンズである。

当時としては珍しく30歳を過ぎても独身で、「週刊ベースボール」誌面でも度々自らネタにした。小林繁との対談では、「30ぐらいで結婚してもいいなと思ってたんだけど、なかなかできなくて。まあいいだろう、これは縁の問題だから、いつかあるだろうと思ってたけど、ぜんぜんないんだよね（笑）」なんて嘆いてみせ、あるシーズンでは新年の抱負を聞かれると、「今年は、ダレがなんといっても結婚する。とにかく気がついたら34歳だもんね。いくらボクでもアセってきますよ」なんて野球とは全然関係ない決意表明をかます大島くんであった。

一方で30代半ばを迎え、「彼の野球は打つだけ。守備や足は買えない」（山内一弘監督）とDHのあるパ・リーグへのトレード話が度々、スポーツ紙を賑わせた。言いたいことは言う性格の大島は、オフの契約更改で、若手に負けないようにとフロントから檄を飛ばされ、「冗談じゃないよ。アイツをライバルにするようなら、オレ野球をやめちゃうよ」と怒ってみせたが、球団からの評価も決して高いものではなかった。85年1月に仲の良い田尾安志の西武へのトレードが決まった際、「オレの身代わりになった」と大島はつぶやいたほどだ。

右足指を痛めたこともあり、ホームラン数は年々減少。同期入団で兄貴分として慕っていた星野仙一が新監督に就任した87年も、15本塁打に終わった。セ・リーグの通算代打本塁打記録を作りながら、「うれしくも何ともない」と答えたのもこのシーズンのことだ。そして、オフになると星野監督から電話で「ヤス、ちょっと来てくれないか」と自宅に呼び出される。

「ヤス、悪いけど日本ハムにトレードや。受けるか受けないか、今、決めてくれ」

日本ハムファイターズへのトレード通告だった。でも、なんで今すぐ？「あぁ、俺、明日からアメリカへ行くから」ってそれはあんたの都合やないか……と驚くも闘将・星野には誰も突っ込めない。気が付けば中日一筋19年、もう37歳だ。一瞬、辞めることも頭をよぎったが、私生活では念願の結婚をしたばかりで、愛妻のお腹には第一子がいた。

大島は結論を持ち帰り、妻の実家のある都内で、来季から開業する東京ドームでのプレーを決断するのだ。星野監督は前年に大型トレードで落合博満を獲得。大島や平野謙ら自身の現役時代を知る主力陣を放出することで新しいチームを作り上げようとしていた。田中富生《とみお》、大宮龍男との2対2の交換で曽田《そた》康二《やすじ》と日本ハムへ。だが、移籍を決断した大島は意外な問題に悩まされる。

1988年、ニッポンは未曾有の好景気へ突入。東京の地価は世界一と言われ、バブル絶頂の東京の家賃に大島も度肝を抜かれた。雑誌「宝石」88年3月号の「私のマイホーム獲得作戦」特集で、「東京の高家賃に怒る日ハム大島選手の誤算」記事が掲載されている。いい物件があると不動産屋から紹介されるのは億を超える超高級マンションばかり。「賃貸ならお手頃な月120万円の物件があります」という異常な家賃に、「球団の人に最初3LDKで月7万円ぐらいの家を探してくれっていったら、フザケンナって怒られました。名古屋だったら駐車場付きで7万円ぐらいのところがいくらでもありますよ」と年俸3600万円のベテランもあきれ顔。結局、田園調布の月22万円の3DKで落ち着いた。

プロ20年目、37歳の新天地での再出発。チーム最年長選手の大島は、入団会見で「目標は40本に置いています」と強気に宣言。ちなみに、結婚記念日が11日だったことから選んだユニフォームの「11番」は、北海道移転後にダルビッシュ有や大谷翔平がつける日本ハムを象徴する背番号となった。「週刊ベースボール」88年1月25日号のインタビューでは「3年経ったらちょうど40歳だしな。レギュラーで3年やっていたら、ヒットが2000本に届くんだ（現在、通算1656安打）」と新たな目標を掲げた。

当時のパ・リーグは観客動員に悩み、春季キャンプに観客が80人しか集まらず、仕方がないから3匹の犬も含めて83人として発表したなんてハードな環境に驚きながらも、「四番一塁」で開幕した88年シーズンは、4月下旬まで打率トップを争う好調ぶり。5

6．元本塁打王が39歳で2000本安打達成

大島康徳（時事通信社）

月に風邪で体調を崩したものの、４年ぶりに１３０試合にフル出場して打率・２７６、15本塁打、63打点。史上25人目の通算２０００試合出場、20人目の１０００打点、29人目の３０００塁打と記録ラッシュの１年に。89年には史上13人目の３５０本塁打。

そして、移籍３年目。90年８月21日のオリックス戦で、なかなかヒットが出ないプレッシャーに苦しめられながらも、近藤貞雄監督のはからいで打席が多く回る一番で起用されると、第４打席で目標の通算２０００安打を達成するのだ。当時史上最年長の39歳10カ月、２２９０試合目

の最も遅い快挙達成だった。

43歳までの現役生活

91年開幕前には、「選手兼打撃コーチ補佐」就任の要請があり、自らティー打撃でトスを上げ、バッティングケージの後ろから若手にアドバイスを送る姿は〃大島塾〃と呼ばれた。年々、体力は落ちても、投手の配球が読めるようになってくる。94年5月4日の西武戦では代打で43歳6カ月の最年長満塁ホームランを放ち、この年は得点圏打率・371と無類の勝負強さを発揮する。打てる自信があったので、試合中に大沢啓二監督に向かって「監督、オレのこと、呼びましたか?」なんて貪欲に自らアピール。これには大沢親分も「呼んでねえよ」と笑ったという。

打率・323を残した94年、戦力外通告を受け現役引退を決意。球団は翌年から新監督を迎えるため、大ベテランの自分がいたらやりにくいだろうというチーム事情は分かっていた。ただ、他の人と一緒の引退会見は断り、単独の引退試合に臨み、意地の2安打を放ったのもまた大島らしい。

プロ生活26年、中日在籍の最終年は「あと1、2年」と思われていた現役生活だったが、移籍先の日本ハムで計7シーズンもプレーした。80年代後半の中日の一塁には落合博満がいて、セ・リーグにはＤＨもなかった。大島があのまま名古屋にいたら、43歳まで現役生活を続けることも、２０００安打達成も難しかっただろう。恐らく、移籍を成立させた当時の上司、星野監督はそれに薄々気付いていたのではないだろうか。

男の運命なんて一寸先はどうなるか分からない――。

のちに日本ハムの一軍監督まで務めることになる大島康徳も、37歳でのトレードで野球人生を逆転させたひとりである。なお、監督就任の際に大島が選んだのは、自分を放出したボスにして恩師、星野仙一の代名詞「背番号77」だった。

7. 最年長最多勝を果たした「アイアン・ホーク」

——下柳剛（1990〜2012、ダイエー〜日本ハム〜阪神〜楽天）

〝鉄腕〟をつくり上げた素地

「練習で格好悪いなんてない。試合で打たれるのが一番格好悪いんだ」

その左腕は、ベテランになっても試合前の打撃投手を務めることを厭わなかった。打者との感覚をつかむためには、これほど適した練習法はない。なのに、「カッコ悪いから」とやりたがらない投手も多い。彼は、そんなつまらないプライドなんてとっくに捨てていた。下柳剛《しもやなぎつよし》は、ひたすら投げ続けることで這い上がったからだ。

少年時代は巨人ファンで山本功児《こうじ》とサウスポー新浦壽夫《にうらひさお》に憧れた、ファースト兼控えピッチャー。中学総体の長崎市決勝でヒジの軟骨を骨折するも、瓊浦《けいほ》高校の2年春、バッティングピッチャーとして投げたところ、監督から投手として評価されたことにより、人生が変わった。打撃投手はいわば、彼の原点でもあった。

卒業後進学した八幡大（現・九州国際大）を1年で中退するも、社会人の新日鉄君津のテストを受けて入社。大学を辞めて友達のオヤジが経営する鉄工所のバイトと夜遊びという生活の中で、やはり己の人生を懸けるのは野球しかないと気付いたのである。これといった実績もなく、期待されて入った選手でもない。ならば、自分には猛練習しかないと、全体練習後に10キロ以上を走り、自主的に石段を駆け上がって、激しいウエート・トレーニングで自らを追い込んだ。当時の汗と泥にまみれた青春時代を、下柳はのちにこう振り返っている。

「社会人時代の3年間は、お盆も正月も一日も休んだことがなかった。一年、365日、練習していましたからね。監督やコーチからも、『もうきょうは、そのへんでやめろ』といわれるくらい、すごい練習してたんですよ」

今となっては、阪神時代のイメージが強いかもしれないが、そのプロのキャリアはダイエーホークスで始まっている。1990（平成2）年ドラフト4位で指名されるも、当初は都市対抗で1勝を挙げて恩返ししてからと、プロ入り拒否のスタンスも周囲の説得もあり翻意。22歳の即戦力左腕と期待されたが、プロ1年目の夏、デビュー戦の近鉄戦でストライクが入らず、3分の2回で被安打1、4四球、自責点4で「防御率54・

00」という屈辱的なルーキーイヤーの成績だった。2年目は登板なし。そして、このまま いったら間違いなくクビだと覚悟を決めた勝負の3年目、新監督に根本陸夫が就任する。

プロ入り前から面識があり、西武の管理部長時代に下柳の体の強さに注目していた根本は、このまま何もせず終わるのか、それともやるだけやって故郷に帰るのとどっちがいいか下柳に問いかける。それはまさに、プロ野球選手として、「君たちはどう生きるか」という問いでもあった。そして、根本は「下柳クラスは一軍のマウンドで投げてナンボの投手」と、とにかく球数を投げさせるのだ。試合前のフリー打撃、そのあとのゲームで登板、さらに試合後にブルペンで投げることもあった。自然と投げ続けている内に投げるコツが分かってくる。フリー打撃で楽にストライクが放れるので、次第に試合でも不安がなくなったという。

大きかった事故の代償

権藤博投手コーチの現役時代の「権藤、権藤、雨、権藤」をもじって、「週刊ベースボール」で「下柳、下柳、雨、下柳」と報じられる6連投もなんのその。どれだけフォアボールを出そうが、監督に「こんなぐらいで代えては伸びませんよ」と進言してくれる権藤に心酔して、球場の行き帰りの運転手を買って出るほどだった。あるときは、中継ぎ登板した翌日に先発起用と場面問わずマウンドへ。クタクタになり部屋に帰ると何かをやる体力も残っておらず、ひたすら寝るだけ。床屋に行くのも面倒で、無精ヒゲや長髪がやがてトレードマークになっていく。

それでも「仕事がある、ということは有り難いことです。ボクは使われないより、使われた方がいいです」と下柳は投げ続けた。己の運命を変えてくれた根本監督について、「週刊ベースボール」94年6月27日号のインタビューでこう語っている。

「ボクの場合、周りの人からよく〝投げすぎ〟とかいわれますけど、(根本は) 連投した次の日はしっかり休ませてくれますからね。周りが見てくれるより、よっぽどボクのことを見てくれるし、心配してくれてる。ベンチ入りの日でも、〝今日は投げなくていい〟と上がりにしてくれたり……。だからこそ、やらなきゃいけないという気になるんですよ」

プロ初勝利や初セーブを挙げた3年目の93年は50試合登板。94年はリーグ最多の62試合に投げ、11勝5敗4セーブ、防御率4・51。選手名鑑の好きなタイプにはトレンディ女優やアイドルではなく、「名取裕子」をあげる無頼派サウスポーは、初のオールスターにも選出され、ホークスの鉄腕についたニックネームは〝アイアン・ホーク（鉄の鷹）〟。当然、95年から王貞治監督が就任したチームでもブルペンの柱を期待されるが、思いもよらぬアクシデントが下柳を襲う。

開幕早々の95年4月19日深夜に交通事故を起こしてしまうのだ。飲酒運転でガードレールに激突。鼻骨骨折と左前腕部挫傷という重傷で戦線離脱してしまう。なお、罰金7００万円（５００万円の罰金と迷惑料２００万円）はパ・リーグ史上最高額のペナルティでもあった。顔にボルトが入ったまま復帰するも、流動食のみの入院生活で13キロも痩せてしまい精彩を欠き、オリックス戦でベンチからイチローに「おまえの出ているＣＭの車をくれ」と野次ったら、「下柳さん、やっぱりエアバッグ付きですか」とやり返された。

この事故の代償は大きかった。なんとあれだけチームに貢献したアイアン・ホークは、あっさりオフに放出されてしまうのだ。ダイエー側が下柳と安田秀之、日本ハムは武田一浩《かずひろ》と松田慎司の2対2の交換トレードである。「ゴチャゴチャ言わんとチームを出すなら出してくれ。どうせケガするなら野球でしたかった」とプロレスラーの前田日明《あきら》ばりのコメントを残し、向かった新天地の入団発表の席で、上田利治監督からは「下柳には〝東京では車に気をつけろ〟と言ったんや」と先制口撃。いわば、問題を起こしてのリストラに近い移籍劇である。

だが、男の運命なんて一寸先はどうなるか分からない——。

中継ぎ史上最高年俸に

「僕（の野球生活）は、回り道したようで、全部、実になってますね。高校時代の走り込みや社会人のウエート。そしてバイト時代の今に見てろ、というハングリーな気持ちも（笑）」（「週刊ベースボール」99年3月22日号）

実は大学中退直後にけじめをつけるため、大洋と日本ハムの入団テストを申し込むも、中退した年はテストを受けられないと聞いて断念した因縁があった。紆余曲折あり辿り着いた東京ドーム。根本と同じく上田監督も「アイツは投げなければダメなタイプ。投げてこそ下柳なんや」と連日マウンドへ送った。

97年には216打席連続無三振のイチローから、新球シュートで三振を奪い記録阻止。65試合登板で、規定投球回をゆうに超える147回と投げまくった。チーム2位の9勝、勝率・692はリーグ3位、奪三振率8・33はリーグトップという獅子奮迅の投げっぷりに、球団側も「前例がないので査定のしようがない」とお手上げ状態。結局、三度交渉を重ね、日本ハム史上最高の4900万円アップの年俸1億500万円＋出来高の2年契約でサインした。

「先発はカッコええよ。抑えも勝ち試合に投げればいい。でも、中継ぎは勝っても負けても投げる。いつ出番が来るか分からない。消耗が激しく地味。目立たない。それでケガで投げられなくなってクビになったらたまらない」（「週刊ベースボール」98年2月2日号）

98年オフには、中継ぎ投手では史上最高額の年俸1億3300万円に到達。気が付けば下柳は、当時まだ評価の低かったリリーバーの地位向上、年俸ベースアップの役割を担うようになっていた。

2000年には格闘家の桜庭和志《さくらばかずし》との高田道場でのトレーニング（なお高田延彦とは飲み仲間だった）や、日本人選手として初めての代理人交渉も話題に。この年、前半はリリーフで不振を極めるも、夏場から先発に回り、10年目のプロ初完封を含む後半戦は7勝2敗と持ち直す。翌01年は21試合すべて先発登板。アイアン・ホークは、30代で先発投手として生きることになる。

豪快そうに見えて、タレントのダンカンからの「日本ハム球団ですけど、本日、下柳選手と横浜（当時）のデニー友利《ともり》投手のトレードが決まりました」なんてイタズラ電話を真に受け、律儀に同僚選手や球団関係者へ別れの連絡をした素直な男。アルコールは最もカロリーの少ない焼酎を好み、いも焼酎専門。好奇心旺盛で自らカイロプラクティックに通い、専属トレーナーと相談して体のケアを心がけ、球団が若手選手向けのメンタル面アドバイスで大学教授を招けば、年齢的には対象外の下柳が最も食いついて質問攻めにしたという。

下柳剛（時事通信社）

星野阪神で優勝の立役者に

やがて、若い頃はスピードガンと戦っていた暴れ馬が、スピードを捨ててツーシームやシュート、スライダーといった横の変化を駆使する繊細な技巧派へ転身を果たす。

02年はペナント終盤に投手コーチから「トレード要員だから他球団にアピールしてこい」と檄を飛ばされて手にした2勝でクビをつなぎ、オフに今度は中村豊と共に、山田勝彦・伊達《だて》昌司《まさし》とのトレードで阪神タイガースへ移籍。プロ13年目にして初のセ・リーグだったが、移籍初年度の03年に10勝を挙げ、星野阪神のVに貢献。05年には15勝で、37歳の史上最年長で最多勝のタイトルを獲得した。

阪神時代は4年連続二ケタ勝利、楽天在籍時の12年に44歳で現役引退するまでに通算627登板、129勝を記録したアイアン・ホーク。根性とロジカルさを併せ持ち、いつ壊れてもいいとひたすら投げ込んで這い上がった鉄腕に対して、恩師の権藤は下柳の著書『ボディ・ブレイン』（水王舎）の中で、こんなメッセージを送っている。

「普通の人だったら潰れているでしょう。それをやっても潰れず四〇過ぎても投げられたというのは、シモの先天的な体力に負うものでした。アメリカなんかじゃクレージーですよ。どっちが正しいかと言われたら、あれは正しい方法じゃないと言うしかないです。それでも潰れない強靭な体力と、それに耐えうる精神的な強さ。片方が崩れても絶対持ちませんから。だからそういう点でシモは本当に立派。すごいですね」

おわりに

「男の運命なんて一寸先はどうなるか分からない」――。

大学4年の秋、大阪ドーム3塁側下段席15通路1列103番のスペシャルAシートに私はいた。2001（平成13）年9月26日21時38分、北川博敏の代打逆転サヨナラ満塁優勝決定弾で熱狂する内野スタンドの片隅で、ふと懐かしいその文章を思い出したのだ。小学生の頃、父親に買ってもらった近藤唯之の文庫本で読んだ一節である。

北川は阪神にドラフト2位入団も出場機会に恵まれず、やがて大阪近鉄バファローズに流れ着き、29歳で起死回生の一撃を放ち球史に残るヒーローになった。阪神時代は二軍生活を送るも決して腐らず、ときに笑顔すら浮かべてベンチで声を出しながら仲間を鼓舞し続けた人の良すぎる男。そんな姿を反対側のダグアウトから見ていたのが、ウエスタン・リーグの対戦相手、近鉄二軍監督の梨田昌孝である。

そして、北川はトレード移籍を機にどん底から這い上がり、たったひと振りで、己の運命を変えてしまう。

22歳で就職活動も満足にしていない当時の自分は、その強烈な事実に魅せられ、そしてある種の勇気をもらった。俺もいつの日か……という勇気である。この本を手に取ったあなたも、収録された選手たちの生き様から、ほんの少しでも日々を生きる勇気を受け取ってもらえたら嬉しい。


担当の金寿煥編集マンとは3冊目の新潮新書になるが、今回も野球観戦中に東京ドームや神宮球場の客席で交わした会話が、打ち合わせ代わりとなった。

令和球界では、出番に恵まれない選手にチャンスを与えるため導入された現役ドラフトやFAの人的補償制度などで、移籍をする機会も一昔前より増えている。だが、いまだに球場には、起死回生の華麗なる逆転野球人生を実現させた者もいれば、志半ばでユニフォームを脱がざるをえなかった選手も数多い。

夢を叶えた者の物語の裏には、無数の夢の残骸があるのだ。

私は、これからも虚と実、夢と現実の狭間に存在するプロ野球を書き続けていこうと思う。

最後に、少年時代から愛読していた、１９８０年代から90年代の球史を記録する「週刊ベースボール」や「Number」の各雑誌、小遣いで駅の自販機から買っていた、「スポーツ報知」「日刊スポーツ」「スポーツニッポン」「サンケイスポーツ」「産経新聞」「東京スポーツ」「日刊ゲンダイ」といった当時の新聞類が執筆を進める上で非常に貴重な資料となった。

先人たちが遺してくれた、活字野球に深く感謝します。

２０２４年春
中溝康隆

本書は「週刊ベースボールＯＮＬＩＮＥ」連載の「逆転野球人生」を加筆・修正、書き下ろし（野茂英雄、小林繁）を加えて改題したものである。

中溝康隆　1979（昭和54）年埼玉県生まれ。ライター。2010年開設のブログ「プロ野球死亡遊戯」が話題に。著書に『プロ野球死亡遊戯』『令和の巨人軍』『現役引退』『キヨハラに会いたくて』など。
X：@shibouyuugi

Ⓢ新潮新書

1030

起死回生《きしかいせい》
逆《ぎゃく》転《てん》プロ野《や》球《きゅう》人生《じんせい》

著　者　中溝《なかみぞ》康隆《やすたか》

2024年２月20日　発行

発行者　佐　藤　隆　信

発行所　株式会社 新潮社

〒162-8711　東京都新宿区矢来町71番地
編集部（03）3266-5430　読者係（03）3266-5111
https://www.shinchosha.co.jp
装幀　新潮社装幀室

印刷所　錦明印刷株式会社

製本所　錦明印刷株式会社

ISBN978-4-10-611030-6　C0275

Ⓢ新潮新書

907
現役引退
プロ野球名選手「最後の1年」
中溝康隆

長嶋、王、江川、掛布、原、落合、古田、桑田、清原など、24人のラストイヤーをプレイバック。全盛期に比べて、意外と知られていない最晩年の雄姿。その去り際に熱いドラマが宿る!

985
山本由伸 常識を変える投球術
中島大輔

肘は曲げない、筋トレはしない、スライダーは自ら封印……。「規格外れ」の投手が球界最高峰の選手に上り詰めた理由は何なのか。野球を知り尽くしたライターが徹底解読する。

954
桑田佳祐論
スージー鈴木

《勝手にシンドバッド》から《ピースとハイライト》まで、サザン&ソロ26作を厳選。「胸さわぎの腰つき」「誘い涙の日が落ちる」などといった歌詞を徹底分析。その言葉に本質が宿る!

1011
お客さん物語
飲食店の舞台裏と料理人の本音
稲田俊輔

人気の南インド料理店「エリックサウス」総料理長が、楽しくも不思議なお客さんの生態やサービスの極意を本音で綴る。飲食店がもっと楽しくなる、食についてのエピソードが満載!

1018
貧乏ピッツァ
ヤマザキマリ

極貧の時代を救ったピッツァ、トマト大好きイタリア人、世界一美味しい意外な日本の飲料、亡き母の思い出のアップルパイ……食の記憶と共に溢れ出す人生のシーンを描く極上エッセイ。